KB207827

십일조로 복 받은
세계 부자들

십일조로
복받은

John D. Rockefeller ~ John Wanamaker ~ Milton Snavely Hershey ~ John Templeton ~ Mary Kay Ash ~ Paul J. Meyer

세계
부자들

· 이채윤 지음 ·

iN크리스토
in Christo

십일조는 의무나 율법이 아니라 하나님을 향한 사랑의 표현입니다.

십일조는 신앙 성숙의 척도이자, 모든 물질이 하나님께로부터 온 것을 인정하는 행위로서 성도의 신앙생활에서 매우 중요한 위치를 차지합니다. 따라서 올바른 십일조 생활은 하나님의 주권을 인정하는 것으로 하나님 보시기에 바람직한 신앙의 모습입니다.

십일조가 주는 의미는 크게 두 가지로 살펴볼 수 있습니다.

첫째, 십일조는 하나님께 대한 감사의 고백입니다. 죄 가운데 살아가던 우리를 값없이 구원해주시고 하나님의 자녀로서 영광스러운 삶을 살아가게 해주신 하나님을 향한 감사와 사랑의 표현이 바로 십일조입니다.

둘째, 십일조는 이웃을 향한 나눔의 실천입니다. 하나님께서는 교회가 소외되고 가난한 이웃을 향해 나눔을 베풀어야 한다고 말씀하셨습니다. 우리가 드리는 십일조는 이러한 교회의 사명을 가능하게 합니다.

《십일조로 복 받은 세계 부자들》에는 십일조를 삶의 철칙으로 삼았던 신앙 선배들의 아름다운 이야기가 담겨있습니다. 본 책을 통해 많은 성도님들이 큰 감동과 깨달음을 얻고, 기쁨과 감사로 십일조 드리기에 힘쓰게 되시기를 축원합니다. 성도님들의 헌신된 십일조를 통해 오직 하나님만 영광 받으시고, 세상 가운데 하나님의 사랑이 편만하게 전해지기를 간절히 기도합니다.

◆ 여의도순복음교회 담임목사 **이영훈**

십일조의 축복을 아십니까? 은근히 십일조 무용론, 십일조 폐기론을 주장하며 하나님이 주신 아름다운 십일조의 규례를 먼지 앉은 고서의 유물처럼 만들려고 하는 이때, 《십일조로 복 받은 세계 부자들》이라는 책이 출간된 것은 참으로 뜻 깊고 반가운 일이 아닐 수 없습니다.

십일조는 복의 문을 여는 마스터키이며 우리의 전 인격을 주의 제단에 드리는 순백의 신앙고백입니다. 그래서 고(故) 한경직 목사님은 십일조를 '제2의 복음'이라고 하셨습니다. 우리는 율법의 패러다임을 넘어서 복음의 정신으로 더 적극적으로 십일조를 해야 합니다.

이 책을 통해서 한국교회에 십일조 신앙의 열풍이 불어오고 제 2, 제3의 록펠러, 존 워너메이커와 같은 위대한 십일조 신앙의 주인공들이 나타날 수 있기를 바랍니다.

◆ 새에덴교회 담임목사, 시인 **소강석**

십일조에 감추어진
부(富)의 비밀을 밝힌다

성경은 이미 구약에서부터 자연의 이치를 통해 우리에게 많은 것을 가르치고 있습니다. 그중 하나가 십일조입니다. 구약시 대부터 이스라엘 백성은 농사를 지을 때, 땅이 쉬지 않고 일하면 힘을 **빼앗겨** 농사가 잘 안 된다는 이치를 알고 있었습니다(신 15:12~18, 대하 36:17~21). 그래서 이스라엘 백성은 칠 년에 한 번씩 일 년 동안 농사를 짓지 않고 땅을 쉬게 했습니다. 그러자 해마다 농사를 지은 땅보다 한 해 쉬게 한 땅에서 더 많은 곡식을 수확할 수 있었습니다.

이런 풍습은 소득의 10퍼센트를 기부하는 것으로 이어졌습니다. 그들은 자연을 통해 기부를 배웠습니다. 십일조를 어렵게 생각하는 사람들이 많습니다. 소득의 10퍼센트는 내 것이 아닌 교회와 사회와 가난한 사람들의 것으로 생각하면 어떨까요?

구약성경에는 아브라함이 멜기세덱에게 전리품의 십분의 일을 바쳤다는 이야기가 나옵니다. 성경에서 십일조가 처음 언급된 것입니다.

> "아브람이 그돌라오멜과 그와 함께한 왕들을 쳐부수고 돌아올 때에 소돔 왕이 사웨 골짜기 곧 왕의 골짜기로 나와 그를 영접하였고 살렘 왕 멜기세덱이 떡과 포도주를 가지고 나왔으니 그는 지극히 높으신 하나님의 제사장이었더라 그가 아브람에게 축복하여 이르되 천지의 주재시요 지극히 높으신 하나님이여 아브람에게 복을 주옵소서 너희 대적을 네 손에 붙이신 지극히 높으신 하나님을 찬송할지로다 하매 아브람이 그 얻은 것에서 십분의 일을 멜기세덱에게 주었더라"(창 14:17~20).

아브라함이 멜기세덱에게 십일조를 바친 이래, 야곱도 하나님께 십일조를 드리기로 약속했습니다. 형과 아버지를 속이고 축복을 가로챈 야곱은 형 에서에게 미움을 받고 쫓겨 가는 처량한 신세임에도 벧엘에서 제단을 쌓고 하나님께 십일조를 약속했습니다.

"야곱이 아침에 일찍이 일어나 베개로 삼았던 돌을 가져다가 기둥으로 세우고 그 위에 기름을 붓고 그곳 이름을 벧엘이라 하였더라 이 성의 옛 이름은 루스더라 야곱이 서원하여 이르되 하나님이 나와 함께 계셔서 내가 가는 이 길에서 나를 지키시고 먹을 떡과 입을 옷을 주시어 내가 평안히 아버지 집으로 돌아가게 하시오면 여호와께서 나의 하나님이 되실 것이요 내가 기둥으로 세운 이 돌이 하나님의 전이 될 것이요 하나님께서 내게 주신 모든 것에서 십분의 일을 내가 반드시 하나님께 드리겠나이다 하였더라"(창 28:18~22).

이스라엘 백성은 소득의 10퍼센트를 가난한 사람들을 위해 기부하면서 기적을 경험하게 됩니다. 소득의 10퍼센트를 기부한 후에 돈 문제에 시달리지 않았습니다. 그들은 기부하는 보람을 느끼면서 동시에 90퍼센트만으로도 100퍼센트를 모두 가진 사람들보다 행복하다는 사실을 알게 되었습니다.

더욱 놀라운 비밀은 100퍼센트를 모두 가지고 있을 때보다 더 많은 돈을 갖게 된다는 것이었습니다. 그래서 사람들은 소득의 10퍼센트를 기부하는 일을 땅에 거름을 주는 일과 같다고

십일조로 복 받은 세계 부자들

생각했습니다.

전통적인 십일조 개념은 모세 시대 이후에 율법으로 규정된 십일조 조항에 기초하고 있습니다. 모세의 율법에는 곡식, 포도주, 기름 등 주요 농산물과 심지어 땅이나 가축에 대해 십일조를 드리도록 규정하고 있습니다. 구약성경 레위기는 십일조에 대해 다음과 같이 언급합니다.

> "그리고 그 땅의 십분의 일 곧 그 땅의 곡식이나 나무의 열매는 그 십분의 일은 여호와의 것이니 여호와의 성물이라 또 만일 어떤 사람이 그의 십일조를 무르려면 그것에 오분의 일을 더할 것이요 모든 소나 양의 십일조는 목자의 지팡이 아래로 통과하는 것의 열 번째의 것마다 여호와의 성물이 되리라 그 우열을 가리거나 바꾸거나 하지 말라 바꾸면 둘 다 거룩하리니 무르지 못하리라"(레 27:30~33).

레위기 저자는 십일조를 여호와의 거룩한 명령으로 이해하며, 토지에서 난 것과 가축 등을 여호와께 드리도록 지시합니다. 구약시대에 십일조는 제사장과 성전에서 봉사하는 책임을 진 레위인의 생계 수단이었습니다. 십일조를 드리는 데에 예외인 사람은 없습니다.

이스라엘 모든 지파는 십일조를 드렸습니다. 레위인도 드렸습니다. 레위인은 자기들에게 분배된 음식의 십분의 일을 제사장들에게 바쳤습니다. 제사장들에게 바쳐진 그 십일조의 십일조는 더욱 거룩한 예물로 다뤄졌습니다.

> "너는 레위인에게 말하여 그에게 이르라 내가 이스라엘 자손에게 받아 너희에게 기업으로 준 십일조를 너희가 그들에게서 받을 때에 그 십일조의 십일조를 거제로 여호와께 드릴 것이라"(민 18:26).

이렇듯 십일조는 가지지 못한 자와 교회를 움직이는 사람들을 위한 긍휼(矜恤)의 양식이었습니다. 성경이 가르치는 십일조는 어려운 이웃들과 나누는 음식의 성격을 띠고 있었습니다. 하나님께서는 우리가 쓸데없는 세상 욕심을 갖지 않도록 안식일과 희년(禧年)의 법을 정해 주셨습니다. 그리고 십일조와 구제의 법을 만들어서 소득의 십분의 일을 떼서 하나님께 드리고 밭의 네 귀퉁이를 남겨 두어 가난한 이웃과 함께 나누는 삶을 가르쳐 주셨습니다.

순교자 유스티누스는 그의 저서 《제1 호교론 *The First Appology*》

에서 다음과 같은 기록을 남겼습니다.

> "우리 중에 부유한 사람들은 궁핍한 사람들을 돕는다. …… 생활이 넉넉하고 기꺼이 그렇게 하고자 하는 사람들은 각자가 적당하다고 생각하는 만큼 기부한다."

우리가 진정한 그리스도인이라면 십일조의 법이나 훈련을 회피하지 말아야 합니다. 그런데 후대로 오면서 유대 지도자들은 십일조를 아주 사소한 것까지 세분하여 땔나무나 채소의 십일조까지 명문화했습니다. 이를 안타깝게 여긴 예수께서는 율법의 근본정신을 외면하고 형식에만 치중한 십일조를 책망하셨습니다.

> "화 있을 진저 외식하는 서기관들과 바리새인들이여 너희가 박하와 회향과 근채의 십일조를 드리되 율법의 더 중한 바 정의와 긍휼과 믿음은 버렸도다 그러나 이것도 행하고 저것도 버리지 말아야 할지니라"(마 23:23).

필자가 《십일조의 비밀을 안 최고의 부자, 록펠러》를 세상에 내놓은 지 10년이 흘렀습니다. 그동안 많은 독자의 성원을 받으면서 이 책의 역할을 알게 되었고 저자로서 보람도 있었습니다.

　대부분의 교회에 십일조 헌금 봉투가 갖춰져 있습니다. 교인들은 십일조 봉투에 돈을 넣어 헌금하는 것을 자연스럽게 여깁니다. 그런데 십일조로 최고의 부자가 된 사람들은 그런 형식으로 십일조를 드리지 않았습니다.

　이 책에 등장하는 존 데이비슨 록펠러, 존 워너메이커, 밀턴 스네이블리 허쉬, 존 템플턴, 메리 케이 애시, 폴 마이어 여섯 명의 부자는 성경이 가르치는 십일조의 언약을 온전하게 따랐습니다. 그리스도인이 먼저 점검할 것은, 십일조를 드리느냐 드리지 않느냐가 아닙니다.

　무엇보다 하나님께 헌신하고 있는지를 살펴야 합니다. 헌신하지 않는다면, 아무리 많은 돈을 헌금하고 십일조를 정확하게 드려도 하나님께서 기뻐하지 않으실 것입니다.

　필자는 여섯 명의 부자가 어떻게 살았는지 보면서 십일조가 형식에 치중한 예물이 아니라 나눔 정신의 극치임을 알게 되었습니다. 자본주의가 위기를 겪고 있습니다. 빈부의 차이가 크고 의롭지 않은 일에 돈이 쓰이고 있습니다. 기업가 하면 투기, 횡령, 배임, 돈세탁 등이 연상되기도 합니다. 이런 때에 십일조 정신이 널리 퍼져 진정한 나눔이 있기를 바랍니다.

　　　　　　　　　　　　　　　　　십일조로 복 받은 세계 부자들

교회와 그리스도인이 세상을 위해 가진 것을 나누고 사회의
가난한 사람들을 돕기를 바라며 이 책을 세상에 내놓습니다.

주의 축복이 모든 사람에게 깃들기 바라며

이 채 윤

차례

Part 1 미국 역사상 최고의 부자, 석유 왕   존 데이비슨 록펠러

역사상 최대의 부호는 록펠러다. 그는 미국이란 신천지에서 펼쳐진 자본주의 경제의 정점을 찍으면서 독점 재벌의 대명사가 되었다. 그러나 사업에서 은퇴한 후 록펠러는 최고 최대의 자선사업가로 변신한다. 그는 돈벌이는 물론 돈을 가치 있게 쓰는 데도 최고였다. 기업가의 사회적 역할이 분명하지 않던 시절 록펠러는 사회사업을 통해 자신의 부가 정당한 방법으로 이루어졌다는 것을 세상 사람들에게 인식시켰다. 그는 집중적이고 치밀하게 자선사업을 하면서 "역시 록펠러답다"는 말을 들으며 록펠러 가문의 토대를 다졌다.

미국 역사상 최고의 부자, 석유 왕

존 데이비슨 록펠러

John Davison Rockefeller

1839~1937

진정으로 부유해지고 싶다면, 돈이 돈을 벌게 하라.
개인적으로 일해서 번 돈은 돈이 돈을 벌어다 주는 돈에 비하면 아주 적다.

존 데이비슨 록펠러

세상에서 가장 큰 부자

록펠러는 역사상 최대의 부호로 알려져 있다. 영국의 철학자 버트런드 러셀은 현대를 만든 사람 중에 가장 두드러진 공을 세운 사람으로 록펠러와 비스마르크를 꼽았다. 한 사람은 경제에서, 한 사람은 정치에서 현대 자본주의 체제와 관료제 국가 체제를 이룩하는 데 크게 기여했다는 것이다.

록펠러는 미국이란 신천지에서 펼쳐진 자본주의 경제 성장의 정점에 서 있다. 그는 100년 가까이 살면서 요즘 가치로 환산하여 빌 게이츠가 지니고 있는 재산의 세 배가 넘는 돈을 벌었다.

록펠러는 평범한 가정에서 태어났다. 하지만 그는 뛰어난 암산 능력과 난해한 수학 문제를 잘 푸는 재능, 그리고 타고난 사업 감각을 지니고 있었다. 꿈이 컸던 그는 일찍부터 자신의 재주를 깨닫고 그런 '선물'을 주신 하나님께 감사하는 마음을 가졌다. 신앙심이 깊었던 그의 어머니 덕분이다. 어머니는 어린 아들에게 세 가지를 가르쳤다.

첫째, 십일조 생활을 해야 한다.
둘째, 교회에 가면 맨 앞자리에 앉아 예배를 드려야 한다.
셋째, 교회 일에 순종하고 목사님의 마음을 아프게 하지 않는다.

록펠러는 어머니께 이 세 가지를 지키겠다고 약속했고, 평생 그 약속을 지키며 '하나님이 주신 선물'을 개발해 나갔다. 또한, 그는 어머니의 가르침에 따라 어려울 때나 기쁠 때나 기도하는 것을 잊지 않았다.

록펠러는 고등학교를 졸업하자마자 작은 회사에 사무원으로 취직했다. 그는 새벽 6시 30분에 출근해서 성실하게 일했다. 매일 일기 대신 회계장부를 기록하면서 자금의 흐름과 시세의 변화를 면밀히 파악해 나갔다.

그 후 스무 살에 사업을 시작한 록펠러는 차츰 근면과 신용을 바탕으로 백만장자의 길을 걷기 시작했다. 그는 당시 새로운 사업으로 떠오르던 정유업에 과감히 투자해 막대한 재산을 모았다. 비상한 두뇌와 현장에 밀착된 경영 방식으로 원가를 줄일 수 있는 요소를 찾아내 생산성을 크게 올리고 경쟁 우위를 확보했다. 결국, 미국 전체 석유의 95퍼센트를 독점해 세계 최고의 부자가 되었다.

그러나 그는 억만장자가 되었지만 한 푼의 돈도 허투루 쓰지 않는 근검절약 정신을 실천하며 살았다. 사업뿐 아니라 가족에게도 엄격했던 그는 그것이 옳은 일이라고 굳게 믿는 신념의 사람이었다. 노년에 이르러서는 사업에서 손을 떼고 오직 자선사업에만 전념했다.

> "나는 돈 버는 능력을 신이 나에게 주신 재능이라고 믿는다. 이런 선물을 받은 나의 의무는 돈을 벌고 다시 불려서 그 돈을 양심의 명령에 따라 사람들에게 도움이 되도록 쓰는 것이다."

기업가의 사회적 역할이 분명하지 않던 시절, 록펠러는 사회사업을 통해 자신의 부가 정당한 방법으로 이루어졌다는 것을 세상 사람들에게 인식시켰다. 그의 아들 록펠러 2세도 아버지의 유업을 이어받아 록펠러센터, 뉴욕현대미술관 등 많은 기관을 설립하여 자선사업을 하는 한편 아버지가 남긴 막대한 자금과 방대한 인맥을 바탕으로 전 세계적인 네트워크를 구축해 록

십일조로 복 받은 세계 부자들

펠러 가의 전성기를 이끌었다.

"천만인이 나를 에워싸 진 친다 하여도 나는 두려워하지 아니 하리이다"(시 3:6).

01

돈이 나를 위해
일하게 하라

목표를 높은 곳에 두어야 한다. 똑같은 노력이지만 이미 목표를 크게 가진 사람은 큰 곳을 향한 노력이 되고, 먹고사는 일에 급급한 사람은 뜻이 작기 때문에 작은 노력이 되고 만다. 자신에게 내재된 무한한 능력을 꺼내 쓰기 위해서 가장 중요한 것은 얼마나 높은 목표를 갖느냐다. '나는 못한다'라는 생각은 자신을 속이는 가장 큰 거짓말이다. 이것을 잊지 말라.

두 개의 주머니

록펠러는 1839년 7월 8일, 미국 뉴욕의 농촌에서 농부의 아들로 태어났다. 록펠러가 여섯 살 되던 해의 일이다. 주일에 어머니가 어린 아들에게 말했다.

"존, 너도 이제 여섯 살이 되었어. 오늘부터는 너 혼자서 교회에 다니도록 해라."

그러면서 존의 손에 처음으로 20센트의 용돈을 쥐여주었다.

존은 그 돈을 받아들고 기뻐하며 호주머니에 넣었다. 그러자 어머니는 엄숙한 얼굴로 말했다.

"존, 그 돈을 꺼내 볼래?"

존은 영문을 몰랐지만, 어머니가 시키는 대로 돈을 호주머니에서 꺼내 들었다. 어머니는 아들의 손을 잡고 말했다.

"20센트는 분명히 엄마가 너에게 준 거야. 하지만 너는 이 돈을 함부로 다 써서는 안 돼. 이 안에는 네가 하나님에게 바쳐야 할 몫이 있어. 20센트의 십분의 일인 2센트는 하나님의 몫이란다."

어머니는 2센트를 따로 떼어내 헌금 봉투에 담아주며 이것이 '십일조'이고 앞으로 돈이 생기면 가장 먼저 하나님께 드릴 십일조를 반드시 떼어놓아야 한다는 것을 가르쳐 주었다. 존은 그날 혼자 교회에 가서 십일조를 바치고 예배를 드렸다. 찬송가를 부르고 목사님의 설교를 듣는 동안 어린 가슴에 왠지 모를 기쁜 마음이 솟아올랐다. 그 후로 그는 교회에 나가는 것과 십일조를 바치는 것을 가장 큰 기쁨으로 여겼다.

어린 시절 록펠러는 집안일 외에도 이웃집의 감자를 캐는 일을 거들었다. 어머니가 자립심을 길러주기 위해 그에게 일부러 고된 일을 시킨 것이었다. 며칠 동안 이웃집의 감자를 캐준 존은 생전 처음 1달러 50센트를 벌었다. 존은 자신이 번 돈을 어머니께 드리며 자랑스러워했다. 그러자 어머니는 존에게 미리 준비한 두 개의 주머니를 내밀고 말씀하셨다.

"이 작은 주머니에는 네가 번 돈 열 개 중의 하나를 넣었다가 하나님께 드려. 그리고 나머지 돈은 이 큰 주머니에 넣어두었다가 쓰고. 알겠지?"

"네, 어머니."

록펠러는 두 개의 주머니에 돈을 나누어 넣었다. 이후 그는 주말이 되면 어머니의 가르침을 따라 작은 주머니에 넣었던 돈을 꺼내 교회에 가서 하나님께 십일조를 드렸다.

존이 일곱 살 때의 일이다. 어느 봄날, 존은 농장 덤불에 칠면조 암컷이 드나드는 것을 보았다. 칠면조는 시냇가를 지나 숲속 둥지로 조심스럽게 돌아가고 있었다. 호기심이 많은 존은 살금살금 칠면조의 뒤를 쫓아갔다. 그러나 칠면조는 존이 뒤따라온다는 것을 눈치채고 재빨리 덤불 속으로 사라져버렸다. 존은 다음 날 다시 그 자리로 가서 칠면조를 찾았지만, 칠면조는 전날처럼 다시 존을 따돌렸다. 존은 실망하지 않고 끈질기게 칠면조를 추적했고, 몇 번의 실패 끝에 둥지를 찾아냈다. 그리고 칠면조를 붙잡아 알과 함께 헛간으로 가져오는 데 성공했다.

어머니는 존에게 칠면조가 알을 까면 새끼들을 잘 길러 보라고 하셨다. 과연 야생 칠면조는 헛간에서 알을 품었고, 얼마 후 알을 까고 예쁜 칠면조 새끼들이 나왔다. 그는 먹다 남은 빵 조각, 굳은 우유를 모이로 주거나 들판에 나가서 메뚜기 따위의 곤충을 잡아다 먹이며 정성껏 칠면조 새끼들을 길렀다.

가을이 되자 칠면조는 아주 큰 몸집이 되었다. 어머니는 그 칠면조를 시장에 내다 팔라고 하셨다. 존의 사업은 그렇게 시작되었다. 늘 근검절약을 강조하던 어머니가 아들에게 자립심을 가르친 것이다.

존은 다음 해에는 칠면조 암컷을 몇 마리 사다가 더 많은 알을 부화시켜 돈을 벌었다. 그렇게 3년 동안 칠면조를 길러서 50달러나 모았다. 어머니는 그 돈을 이웃집 농부에게 이자를 받고 빌려주게 했고, 1년 뒤 존은 원금과 함께 3달러 50센트의 이자를 받게 되었다.

어린 존은 큰 감동을 받았다. 3달러 50센트! 그 돈은 그가 하루 10시간씩 열흘은 감자를 캐야 받을 수 있는 금액이었다. 그때 어린 존은 돈이 어떻게 불어나는지 알게 되었다. 훗날 록펠러는 자서전에서 다음과 같이 썼다.

"그때부터 나는 내가 돈을 위해 일하는 것이 아니라 돈이 나를 위해 일하도록 해야겠다고 결심했다."

존의 어머니가 신앙적인 면에서 아들을 가르쳤다면, 아버지는 더욱 현실적인 면에서 아들을 가르쳤다. 아버지는 어린 존이 걸음마를 시작하자 번잡한 도회지로 데리고 나가 일찍부터 넓은 세상이 있다는 것을 보여 주었다. 당시 미국은 막 산업화가 시작되고 있었다. 덕분에 존은 어려서부터 시골 마을 같던 미국이 어떻게 가장 현대적인 국가로 변하는지 직접 보게 되었다.

아버지는 농사를 짓지 않는 때에는 다양한 물건을 마차에 싣고 여러 마을을 돌아다니며 팔았다. 아버지는 며칠 만에 집에 돌아와 마차에서 내리면 달려오는 아이들을 하나씩 안아 올려 뺨에 키스하면서 손에 금화를 쥐여주시곤 했다. 그리고 그날 저녁에는 오르간이나 멜로디언, 바이올린을 연주하며 아이들과 함께 노래를 불렀다.

어머니로부터 근검절약과 근면 성실을 배우고, 아버지로부터 세상을 바라보는 법을 배운 록펠러는 어려서부터 타고난 사업 감각을 발휘했다. 칠면조를 키우고 농부에게 돈을 빌려줘서 재미를 본 록펠러는 상한 콩을 무더기로 싸게 사다가 못 먹는 콩만 골라내고 남은 싱싱한 콩을 더 비싸게 파는 등 차츰 돈벌이에 비상한 재주를 보이기 시작했다.

열네 살 때 록펠러의 집은 시골을 떠나 신흥 도시인 클리블랜드로 이사했다. 호수와 운하가 연결된 그곳은 마치 항구도시 같았다. 부두는 사람들로 북적거리고 지저분했으며, 돛을 올린 배들이 승객과 화물을 싣고 오갔다. 록펠러는 종종 학교 공부가 끝난 후에 부두를 거닐며 교역의 현장을 지켜보았다. 그럴 때마다 그는 어린 시절 아버지를 따라 도회지로 나가 세상 물정을 익힐 때의 기억을 떠올리며 자신의 앞날을 그려보았다. 하루는 같은 반 친구가 록펠러에게 물었다.

"존, 너는 나중에 뭐가 되고 싶니?"

소년 록펠러는 망설임 없이 대답했다.

"나는 10만 달러의 가치를 지닌 사람이 되고 싶어. 난 꼭 그렇게 될 거야."

당시 10만 달러는 집을 몇 채, 아니 몇십 채 살 수 있을 정도로 큰돈이었다.

세 가지 약속

록펠러가 세계 최고의 부자가 되었을 때 한 신문기자가 찾아와 물었다.

"회장님께서는 세계 최고의 부자가 된 비결이 어머니가 주신 세 가지 신앙유산 때문이라고 하셨는데 그것에 대해 말씀해 주십시오."

록펠러는 이렇게 대답했다.

"예, 나는 어린 시절에 어머니와 세 가지 약속을 했어요. 지금 와서 생각해 보니 그것은 어머니에게 받은 신앙의 유산이었습니다. 첫 번째 유산은 십일조 생활입니다. 어렸을 때부터 어머니는 나를 교회에 데리고 다녔어요. 용돈을 20센트씩 받았는데 그때마다 어머니는 십일조는 반드시 해야 한다며 십일조를 드리는 습관을 길러주셨지요. 나는 어머니에게 십일조 교육을 철저하게 받았기 때문에 나중에 1,000만 달러를 벌어도 정확히 십일조를 바칠 수가 있었습니다. 그런데 십일조를 바칠 때마다 신기하게도 더욱더 많은 돈이 들어왔지요."

"두 번째 신앙의 유산은 무엇입니까?"

"교회에 가면 맨 앞자리에 앉아 예배를 드리는 것입니다. 어머니는 언제나 다른 사람보다 일찍 교회에 가서 맨 앞자리에 앉아 예배를 드렸습니다. 그래야만 목사님의 설교 말씀에 더 많은 은혜를 받을 수 있다고 강조하셨지요."

"세 번째 유산은 무엇입니까?"

"그것은 교회 일에 순종하고 목사님의 마음을 아프게 하지 말라는 가르침입니다. 어머니와의 약속 이후 나는 마음에 안 드는 일이 있어도 목사님의 말씀을 따랐고, 어떤 일이든지 교회에서 정한 일은 불평하지 않고 항상 순종한다는 원칙을 지켰습니다."

"이 복음이 이미 너희에게 이르매 너희가 듣고 참으로 하나님의 은혜를 깨달은 날부터 너희 중에서와 같이 또한, 온 천하에서도 열매를 맺어 자라는도다 이와 같이 우리와 함께 종 된 사랑하는 에바브라에게 너희가 배웠나니 그는 너희를 위한 그리스도의 신실한 일꾼이요 성령 안에서 너희 사랑을 우리에게 알린 자니라"(골 1:6~8).

02

하나님께 돈 버는
재능을 받은 청년

행복으로 가는 길은 단순한 두 원리에 있다. 자신에게 흥미를 불러일으키는 것, 그리고 자신이 잘할 수 있는 것이 무엇인지 아는 것이다. 그것을 알았다면 모든 정신, 에너지, 야망, 타고난 능력을 거기에 쏟아부어라.

새벽이 출근 시간인 경리 사원

고등학교를 졸업한 록펠러는 직장을 구할 나이가 되었다. 아버지는 시골로 가서 농사를 짓자고 하셨지만, 그는 사업가가 되고 싶었다. 록펠러는 취직하기 위해 한 달 이상 클리블랜드 시내를 돌아다닌 끝에 마음에 드는 직장을 찾을 수 있었다. 그곳은 '휴이트 앤드 터틀'이라는 곡물 위탁판매 회사였다. 사장은 이력서를 들고 찾아온 록펠러와 몇 분간 면접했다.

십일조로 복 받은 세계 부자들

"자네가 잘할 수 있는 일은 무엇인가?"

"회계를 잘하기 때문에 경리 일을 하고 싶습니다."

록펠러는 자신 있게 말했다.

"좋아. 자네를 한 번 믿어보지."

사장은 록펠러의 자신만만한 태도에 이끌려 채용을 결정했고, 그렇게 해서 록펠러는 경리 사원으로 일하게 되었다.

첫 직장을 구한 록펠러는 매일 아침 6시 30분에 출근해서 일을 시작했다. 사람들은 깜짝 놀랐다. 남들보다 2시간 30분이나 먼저 출근했기 때문이었다. 겨울에는 아직 날이 밝지 않아 등불을 켜고 일해야 했지만, 그는 여전히 6시 30분에 출근했다. 그렇다고 퇴근을 일찍 하지도 않았다. 그는 밤 10시가 넘어서야 회사 문을 닫고 나왔다. 록펠러는 성실하고 헌신적인 태도로 누구보다 열심히 일했기 때문에 자신이 맡은 일을 잘해냈고 회사 사장과 동료들에게 인정을 받았다.

그는 그곳에서 일하는 법과 사업이 무엇인지를 알게 되었다. 회사 장부를 맡아서 처리한 탓에 회사 상황을 누구보다 자세히 파악할 수 있었다. 회사는 갈수록 성장했고 3년이 지나자 20달러도 되지 않던 월급이 올라서 600달러의 연봉을 받게 되었다.

록펠러는 회사일 뿐 아니라 자신을 성장시키는 일에도 최선을 다했다. 그는 사회생활을 시작한 이래 하루도 빠짐없이 장부를 기록했다. 록펠러는 어린 시절부터 일기를 쓰는 대신 자신만의 금전출납부인 회계장부를 기록하는 습관이 있었다. 그는 매일 저녁 회계장부를 정리하며 자신의 일과를 꼼꼼하게 점검했다. 장부에 적힌 숫자는 그에게 하루하루의 기록이자 반성이었다.

록펠러는 일정한 봉급을 받는 직장인이었지만 교회의 가난한 신도들과 학비가 없는 아이들을 위해 많은 돈을 헌금했다. 또한, 동생들에게 선물을 사다 주고 돈을 빌려주는 일이 많았다.

록펠러는 교회에 헌금을 내거나 가족을 돕는 일, 그리고 이따금 옷을 사는 데 지출하는 것 말고는 개인적으로는 거의 돈을 쓰지 않았다. 그의 장부를 보면 그가 얼마나 절약하며 살았는지 알 수 있다. 그는 갈수록 재산이 늘어나는 자신의 장부를 보며 부자가 되는 꿈을 항상 꾸었다. 그는 수입이 늘어나는 이유를 이렇게 설명하곤 했다.

"내 수입이 늘어난 것은 내가 돈을 벌면 하나님이 좋아하는 일을 하실 줄 아시고 하나님께서 축복을 더 주셨기 때문이다."

석유사업을 시작하다

1858년, 열아홉 살이 된 록펠러는 3년간 근무하던 회사를 그만두기로 했다. 그동안 자신이 직접 회사를 경영할 수 있을 정도로 많은 것을 배웠다고 판단했다. 그때 마침 모리스 클라크라는 사람이 그에게 사업을 같이 해보자고 제안했다. 두 사람은 곧바로 의기투합하여 회사를 차리기로 약속했는데 문제는 돈이었다. 클라크는 각자 2,000달러씩 투자하자고 제의했지만, 록펠러에게는 800달러뿐이었다. 록펠러는 모자라는 돈은 아버지께 빌리기로 했다. 아버지는 선뜻 돈을 빌려주겠다고 약속했다. 그러나 록펠러의 능력을 떠보기 위해 10퍼센트의 비싼 이자를 낼 것과 스물한 살이 되는 1년 반 후에는 원금을 갚아야 한다는 것을 조건으로 내세웠다. 돈을 벌 자신이 있던 록펠러는 흔쾌히 동의했고, 아버지는 아들과의 이 계약을 아주 흡족하게 생각했다.

1859년 3월, 록펠러는 부둣가의 허름한 창고 건물에 사무실을 차렸다. 록펠러의 회사는 육류, 곡식, 어류, 석고, 대리석 등 클리블랜드에서 거래되는 거의 모든 물품을 취급했다. 사업 초창기에 록펠러의 회사는 회사 자금 전부를 투자해서 배 한 척 분량의 곡물을 사들였는데 공교롭게도 엄청난 태풍이 불어 닥쳤다.

록펠러는 이틀 동안 집에도 들어가지 못하고 사무실에서 기도하며 배가 무사히 항구에 들어오기를 기다렸다. 다행히 태풍은 멋었고 배는 늦게나마 온전하게 물건을 싣고 입항했다. 록펠러는 하역 작업이 무사히 끝나자 긴장이 풀려 심한 몸살을 앓았지만, 식구들에게는 아무 말도 하지 않았다.

록펠러의 회사는 첫해에 4,400달러, 다음 해에는 1만 7,000달러의 흑자를 기록하며 급성장했다. 클리블랜드에서 가장 신용평가가 높은 회사 중 하나가 되었다. 록펠러가 사업을 확장하기 위해 대출을 신청하면 은행은 조건 없이 승인해 줄 정도였다. 그때 록펠러는 세상을 다 얻은 듯했다. 그러나 이제 갓 스무살이 된 청년은 "나 자신을 돌아보고 조심하지 않으면 실패하게 됩니다. 항상 겸손하도록 도와주세요"라고 기도했다.

록펠러는 열아홉 살에 교회 집사가 되었다. 이 젊은 집사는 그저 예배에만 참석하는 것이 아니라 매우 열성적으로 교회 일을 거들었다. 고등학교 시절부터 주일학교 교사로 어린이들에게 성경을 가르쳐 왔던 그는 교회 운영일지를 기록하는 서기를 맡기도 했다.

록펠러는 회사를 차린 후에도 회사에서 일하지 않을 때는 반드시 교회에 나가 일을 거들었다. 그런데 록펠러가 다니는 교회는 개척한 지 얼마 안 된 탓에 상당한 빚이 있었다. 어느 주일, 목사님은 신도들에게 교회의 빚이 2,000달러나 되기 때문에 운영이 매우 어렵다는 말을 했다. 당시 2,000달러는 큰돈이라서 신도들은 놀라기만 할 뿐 누구 하나 대책을 내놓지 못했다. 그때 록펠러는 신도들에게 함께 힘을 모아 그 돈을 갚자고 호소했다. 그의 호소가 신도들의 마음을 움직였다. 그는 작은 수첩을 내밀고 사람들에게 이름과 헌금 액수를 적어 달라고 요청했다. 이렇게 몇 주일 동안 록펠러는 신도들을 설득해서 결국, 2,000달러를 모금하는 데 성공했다. 그때부터 록펠러는 열아홉이라는 젊은 나이에 교회에서 목사님 다음으로 중요한 인물이 되었다.

이 일을 통해 록펠러는 노력하면 이루지 못할 게 없다는 것을 깨달았다. 그는 당시의 일을 이렇게 회고했다.

> "나는 그 계획에 완전히 빠졌다. 내가 할 수 있는 모든 일을 했으며, 그 일과 그와 비슷한 일에 계속 관여하게 되면서 이런 식으로 사업을 하면 돈을 벌 수 있겠다는 생각이 들었다. 돈을 벌어야겠다는 야망까지 생겼다."

사업에서 큰 성공을 거둔 록펠러는 클리블랜드에서 가장 돈 많은 부자의 대열에 끼게 되었다. 그 무렵 펜실베이니아 타이터스빌의 드레이크 대령이 미국에서 석유 유전을 발견했고, 미국의 많은 가정이 램프에 불을 밝히던 고래 기름을 석유로 대체하기 시작했다. 돈벌이에 남다른 재능이 있던 록펠러가 이런 좋은 기회를 놓칠 리 없었다.

그는 석유사업에도 손을 대 새뮤얼 앤드루스라는 엔지니어를 영입해 정유회사를 설립했다. 앤드루스는 석유에 관해서는 누구보다 뛰어난 지식을 가진 석유 박사였다. 그는 석유를 걸러내어 끓이고, 농축하여 물과 가성소다, 황산으로 정화해서 등유로 분리하는 정유 시스템을 개발했다. 석유회사를 차린 록펠러는 늘 그랬듯이 그 일에 집중했다. 그는 배관공, 석유통 제조업자 등의 전문가를 직접 뽑고 그들과 함께 일하면서 석유를 배워나갔다. 그는 곧 석유에 관해서는 누구보다 많이 아는 일인자가 되었다.

록펠러는 밤낮을 가리지 않고 오직 석유만 생각했고 석유만 팔았다. 그는 동료들과 아침을 먹고 공장까지 함께 걸어가는 내내 석유 이야기만 했다. 일을 마치고 집으로 돌아갈 때면 그의 장화는 온통 기름투성이였다. 집으로 돌아와서는 곤히 자는 동생 윌리엄을 깨워 사업 계획을 이야기했다. 그때마다 윌리엄은 잠 좀 자자고 투덜댔다.

돈 버는 사명

1864년 3월, 록펠러는 고등학교 때부터 친구인 로라 스펠만과 약혼했다. 록펠러는 스물다섯 살의 젊은 나이에 이미 클리블랜드의 유력한 사업가가 되어 있었다. 로라의 부모님은 기꺼이 그들의 결혼을 승낙했다.

록펠러는 대학을 졸업하고 초등학교에서 아이들을 가르치던 로라와 교회에서 자주 만났다. 로라는 흑인 인권과 복지 향상에 대해 열성적이었다. 록펠러도 그 부분에 공감하고 있었다. 록펠러는 남북전쟁이 일어나자 노예 두 명을 사서 풀어주기도 했다. 고등학교에 다닐 때는 이런 글을 쓰기도 했다.

> "노예제도는 국법에도 위반될 뿐 아니라 형제를 노예로 삼지 말라는 하나님의 법에도 위반된다."

두 사람은 관심사가 같아서 쉽게 친해졌고, 함께 노예제도 폐지를 지지하는 모임에도 적극적으로 참여했다.

그해 9월 8일, 두 사람은 로라의 집에서 결혼식을 올렸다. 목사님과 양가 식구들, 그리고 직원 몇 명만 참석한 작은 결혼식이었다. 두 사람은 나이아가라 폭포와 캐나다 등지로 신혼여행을 다녀왔고, 돌아오자마자 교회에서 예배를 드렸다.

다음 날부터 정상적으로 출근한 록펠러는 그다음 날에는 시카고로 출장을 떠났다. 그 후 록펠러는 수없이 많은 출장을 다녔다. 그때마다 따뜻하고 애정 어린 편지를 날마다 집에 있는 아내에게 보냈다.

"당신처럼 좋은 아내를 둔 것이 나에게는 얼마나 큰 축복인지 모르오. 나에게 날개가 있어 오늘 밤 당신에게 날아갈 수 있다면……. 지난밤 꿈에 스펠만이라는 아가씨를 만났는데 잠에서 깨어 보니 그 아가씨가 바로 나의 사랑하는 아내, 로라 당신이었다오."

1865년 초, 잘 나가던 회사가 위기를 만났다. 동업자인 클라크는 회사 빚이 10만 달러나 되자 불만을 터트렸다. 그러나 록펠러는 회사를 키우기 위해서는 어쩔 수 없는 일이고 새로운 시장을 개척하려면 계속 투자해야 한다고 보았다. 하지만 클라크는 그것을 무모한 투자로 보았다. 이들의 의견 대립은 회사를 끌고 나가기 힘들게 만들었다. 결국, 두 사람은 회사를 경매에 부쳐 가장 비싼 값을 부르는 사람이 회사를 인수하기로 합의했다. 물론 석유 전문가인 앤드루스는 록펠러의 편을 들었다.

회사가 경매에 들어간 날은 1865년 2월 2일, 입찰은 클라크가 500달러를 제시하면서 시작했다. 그러자 록펠러가 바로 1,000달러를 불렀다. 가격은 4만, 5만, 6만 달러로 계속 올라가 7만 달러를 넘어섰다. 경매장 안은 팽팽한 긴장감이 감돌았다.

"7만 2,000달러."

클라크가 절망적인 목소리로 말했다.

"7만 2,500달러."

록펠러가 망설임 없이 소리쳤다. 결국, 클라크는 두 손을 들고 말았다. 나중에 록펠러는 그날을 회상하며 자기 생애에서 가장 중요한 날이었다고 말했다. 회사를 인수한 록펠러는 추진력이 뛰어난 동생 윌리엄을 뉴욕에 보내 사무실을 열게 했다. 석유를 외국으로 수출하기 위한 디딤돌을 놓은 것이었다. 이미 록펠러의 회사는 클리블랜드 최대의 정유사가 되어 있었다.

록펠러는 석유사업에 자신의 모든 것을 걸었고 1873년, 서른네 살의 나이에 클리블랜드에서 가장 돈이 많은 백만장자가 되었다. 그는 일찍부터 하나님이 자신에게 주신 재능을 깨달은 사람이었다. 록펠러는 훗날 세계에서 가장 큰 자선기관인 록펠러재단을 설립한 후 이렇게 말했다.

"돈 버는 재능은 하나님께서 내게 주신 가장 큰 선물입니다. 이런 선물을 받은 나는 원 없이 돈을 많이 벌어 보았습니다.

이제 나는 양심의 명령에 따라 사람들에게 도움이 되도록 이 돈을 쓸 계획입니다. 나는 이것이 하나님이 내게 주신 사명이라고 믿습니다."

"내 눈이 이 땅의 충성된 자를 살펴 나와 함께 살게 하리니 완전한 길에 행하는 자가 나를 따르리로다"(시 101:6).

십일조로 복 받은 세계 부자들

03

석유 왕 록펠러

나는 늘 끔찍한 실패를 기회로 만들려고 애쓴다.

쓸모없는 광산에서 석유가 솟다

1863년, 록펠러가 처음으로 석유사업에 뛰어들었을 때다. 그때까지만 해도 석유사업에 대해서 잘 알지 못했던 록펠러는 친구 말만 믿고 탄광을 인수했다. 그러나 그곳은 쓸모없는 광산이었다. 아무리 캐고 또 캐도 돌덩어리밖에 나오지 않았다.

  록펠러에게 위기가 닥쳤다. 신용이 좋았던 록펠러였지만 석유사업을 하느라 엄청난 투자를 한 상태여서 마땅히 돈을 빌릴

존 데이비슨 록펠러

곳이 없었다.

"당장 월급을 내놓으시오."

광부들은 월급이 밀리자 폭도로 돌변했다. 그들은 록펠러를 탄광 안에 가두고 월급을 달라고 요구했다. 너무 괴로워 자살까지 생각했던 록펠러는 황량한 폐광에 엎드려 하나님께 기도했다.

"하나님! 저는 하나님만 믿습니다. 그동안 저에게 부족한 것이 있었다면 더욱 열심히 일할 수 있도록 기회를 주십시오. 아직은 제가 일할 때입니다"

록펠러는 처음으로 정신없이 눈물을 흘리며 통곡의 기도를 올렸다. 그러다 마치 잠든 듯 쓰러진 그는 이상한 체험을 했다. 잠시 잠이 든 것인지, 꿈을 꾸는 것인지 모르는 상태에서 그는 마음속 깊은 곳으로부터 솟아 나오는 어떤 음성을 들었다.

"때가 되면 열매를 거두리라. 네가 있는 곳을 더 깊이 파라."

이 말씀을 듣자 용기가 생겼다. 록펠러는 탄광 밖으로 나와 광부들에게 마지막으로 호소했다.

"여러분, 나는 지금 하나님께 간절한 기도를 올렸고 하나님께 응답을 들었습니다. 하나님께서는 조금만 더 깊이 땅을 파라고 하셨습니다."

그의 말을 들은 광부들은 록펠러가 제정신이 아니라고 수군거렸다. 하지만 록펠러의 눈물 어린 호소에 마음이 움직인 몇몇 광부들이 한 번 더 믿어보겠다며 폐광을 파기 시작했다. 그런데 얼마 지나지 않아 갑자기 석탄이 아닌 '검은 물'이 분수처럼 솟구쳤다. 석탄보다도 몇 배나 더 값진 석유였다. 하나님의 말씀을 믿고 인내로 위기를 이겨낸 록펠러는 그 자리에서 무릎을 꿇고 기도했다.

"하나님, 이렇게 저에게 석유라는 값진 선물을 주신 것은 평생 그 일에 봉사하라는 말씀으로 받아들이겠습니다."

그때 록펠러는 하나님의 응답을 들었다. 잠언 4장 2절에서 13절의 말씀이다.

> "내가 선한 도리를 너희에게 전하노니 내 법을 떠나지 말라 나도 내 아버지에게 아들이었으며 내 어머니 보기에 유약한 외아들이었노라 아버지가 내게 가르쳐 이르기를 내 말을 네 마음에 두라 내 명령을 지키라 그리하면 살리라 지혜를 얻으며 명철을 얻으라 내 입의 말을 잊지 말며 어기지 말라 지혜를 버리지 말라 그가 너를 보호하리라 그를 사랑하라 그가 너를 지키리라 지혜가 제일이니 지혜를 얻으라 네가 얻은 모든 것을 가지고 명철을 얻을지니라 그를 높이라 그리하면 그가 너를 높이 들리라 만일 그를 품으면 그가 너를 영화롭게 하리라 그

가 아름다운 관을 네 머리에 두겠고 영화로운 면류관을 네게 주리라 하셨느니라 내 아들아 들으라 내 말을 받으라 그리하면 네 생명의 해가 길리라 내가 지혜로운 길을 네게 가르쳤으며 정직한 길로 너를 인도하였은즉 다닐 때에 네 걸음이 곤고하지 아니하겠고 달려갈 때에 실족하지 아니하리라 훈계를 굳게 잡아 놓치지 말고 지키라 이것이 네 생명이니라"

그 후 록펠러는 석유사업으로 세계 최고의 부자가 되는 길을 걸어갔다.

글로벌 기업이 되다

록펠러의 성공에는 하나님께 전적으로 의지하는 기도의 힘이 있었다. 강력한 태풍 허리케인이 미 대륙을 강타하던 어느 일요일, 정유업자들은 부두에 정박해 놓은 석유통을 안전한 곳으로 옮겨 놓으려고 부산을 떨었다. 그러나 가장 많은 석유통을 정박해 놓은 록펠러만은 태연하게 교회에 가서 기도를 드렸다. 그는 광산에서 기도 드릴 때 응답하신 하나님께 간절한 기도를 올렸다.

"하나님! 이제 저희 회사가 정상 궤도에 올라서려고 합니다. 바라옵건대 부디 저희의 석유통들을 안전하게 지켜주시옵소서.

그 석유가 세상을 환하게 밝히도록 하여 주옵소서.”

　그날 허리케인은 록펠러의 석유통이 있는 곳을 비켜 지나갔다. 그 폭풍에 피해를 보지 않은 석유통은 록펠러의 것뿐이었다. 그러자 사람들은 록펠러가 하나님에게 특별한 능력을 부여받은 것은 아닌가 하는 생각을 하기 시작했다. 그의 직원 중에 한 사람은 이렇게 말했다.

　“록펠러 사장은 남들이 보지 못하는 것을 보는 능력이 있어.”

　동생 윌리엄조차 록펠러에게 농담을 했다.

　“형, 비 좀 그만 오게 해달라고 하나님께 기도해 줘요. 형이 기도하면 안 되는 일이 없잖아.”

　한번은 록펠러의 가족이 대형 참사를 당할 뻔했다. 록펠러는 크리스마스를 맞아 아내와 큰딸을 데리고 뉴욕으로 떠나려고 짐을 미리 기차역으로 보냈다. 그런데 갑자기 집에 일이 생겨 아내와 큰딸은 출발하지 못했다. 록펠러는 가족을 기다리다 혼자서 역으로 나갔다. 하지만 기차는 이미 출발한 후였다. 그는 하는 수 없이 다음 기차를 탔다. 그때 앞서 출발한 기차에 사고가 나서 불이 났다는 소식이 들렸다. 기차에서 불이나 그가 부친 짐도 모조리 불타 버렸다. 그는 가슴을 쓸어내리며 가족을 지켜주신 하나님께 감사했다. 뉴욕에 도착한 후, 그는 집에 있는 아내에게 편지를 썼다.

사랑하는 아내에게

나는 어제 오후 4시에 뉴욕에 도착했습니다. 그런데 당신에게 주려던 크리스마스 선물은 사고가 나서 불에 타버렸습니다. 사람들은 내가 그 기차를 타지 않은 것이 천만다행이라며 기적 같은 일이라고 말합니다. 나는 이번 일을 하나님의 은혜라고 생각해요. 당신과 베시가 집에 있다는 게 얼마나 다행인지……. 그때 당신과 베시가 제시간에 역에 도착했다면 우리는 그 불에 탄 기차 안에 있었을 겁니다. 생각만 해도 끔찍하지 않나요? 이건 정말 하나님의 은총입니다. 하나님께 감사하지 않을 수 없답니다.

당신에게 키스를 보내며…….

1870년은 록펠러에게 아주 중요한 해였다. 록펠러는 그해에 몇몇 동료와 함께 '스탠더드 오일'이라는 세계 최대의 석유회사를 세웠다. 록펠러는 스탠더드 오일이 전 세계의 석유를 정유하게 될 것이라고 장담했다. 스탠더드 오일이 한창 해외시장을 개척할 때의 일이다. 회사 임원 가운데 신앙심이 아주 깊은 사람이 있었다. 그는 성경을 읽다가 갑자기 기발한 영감이 떠올라자리에서 벌떡 일어났다. 그는 출애굽기 2장을 읽던 중이었다.

"레위 가족 중 한 사람이 가서 레위 여자에게 장가 들어 그 여자가 임신하여 아들을 낳으니 그가 잘 생긴 것을 보고 석 달 동안 그를 숨겼으나 더 숨길 수 없게 되매 그를 위하여 갈대 상자를 가져다가 역청과 나무 진을 칠하고 아기를 거기 담아 나일 강 가 갈대 사이에 두고……"

그는 무엇에 홀린 사람처럼 그 구절을 다시 한 번 읽어보았다. 그의 눈은 '역청'이라는 글자에 못 박혀 있었다. 역청을 영어로 피치(pitch)라고 하는데 석유의 일종이다. 순간 그는 무릎을 쳤다.

"바로 그곳에 석유가 있다! 그곳에 석유가 있어!"

그는 펄쩍펄쩍 뛰면서 혼자 소리쳤다.

다음 날 그는 곧바로 지질학자를 포함한 조사단을 이집트로 보내 현지 조사를 시작했다. 조사단은 얼마 지나지 않아 성경에 기록된 장소에서 엄청난 규모의 유전을 발견했다. 이 이집트의 유전은 말할 것도 없이 스탠더드 오일이 세계시장을 개척하는 데 큰 역할을 했다.

이렇게 열의를 가지고 일한 것은 임원뿐이 아니었다. 직원들 모두 헌신적으로 일했다. 그러니 스탠더드 오일이 세계 최고의 회사가 되는 것은 당연했다. 그 후 스탠더드 오일은 미국의 석유

시장을 장악했고, 전 세계로 뻗어 나가는 글로벌 기업이 되었다.

1885년, 세계적인 기업으로 성장한 스탠더드 오일은 뉴욕으로 본사를 옮겼다. 뉴욕 항이 내려다보이는 브로드웨이 26번가에 10층짜리 빌딩을 지은 것이다. 본사 건물은 곧 28층으로 증축되었고, 스탠더드 오일은 미국을 대표하는 최고의 기업이 되었다. 록펠러는 클리블랜드에서 일하던 직원들을 대부분 뉴욕으로 데려와 살 집을 마련해 주었고, 자신도 저택을 사 이사했다.

그는 40개의 기업을 거느리고 있었지만, 일반 사원처럼 아침 일찍 사무실에 출근해 일했다. 그는 석유를 개발할 당시 행했던 다양한 조사를 토대로 여러 대학연구소에 투자했다. 그리하여 새로운 정유기술과 파라핀, 윤활유, 바셀린, 껌 등의 제조기술이 개발되었다. 1879년, 에디슨이 전구를 발명하면서 등유 사용량이 줄었지만, 석유를 연료로 하는 자동차가 나오면서 록펠러의 사업은 승승장구하게 되었다.

스탠더드 오일은 유럽뿐 아니라 중동과 중국, 일본, 우리나라 등 아시아 국가까지 진출했다. 스탠더드 오일의 번영은 곧 미국의 번영이었고, 그 놀라운 행운의 연속 역시 미국의 힘을 반영하고 있었다. 스탠더드 오일은 1903년에 세계 최초로 비행기를 만든 라이트 형제에게 연료를 공급해 주었고 1904년에는 국제

자동차 경주 참가자들을 위해 뉴욕에서 파리까지 주유소를 곳곳에 설치하기도 했다. 세계는 석유를 사용하는 기계와 자동차로 넘쳐나기 시작했고, 석유의 수요는 폭발적으로 늘어났다.

가족과 함께할 때 행복했던 부자

록펠러는 미국에서 가장 큰 부자였지만 돈을 함부로 쓰는 것을 용납하지 않았다. 포장지를 재활용해 쓸 정도로 물건을 아껴 쓰며 가족들에게도 근검하고 절약하는 생활을 강조했다. 그는 가족들에게 옷이 낡아 더 이상 입을 수 없게 될 때까지 입도록 했다. 다른 부유층 자제들은 하인이 딸린 마차를 타고 학교에 다녔지만, 록펠러의 자녀들은 걸어서 다녔다.

록펠러는 아이들의 용돈에 대해 무척 엄격했다. 그는 아이들에게 의미 없는 돈은 한 푼도 주지 않았다. 돈의 소중함을 알도록 일한 만큼의 대가만 주었다. 어렸을 때 어머니에게 받은 하나님 중심의 신앙교육을 자식에게 그대로 가르친 것이다. 록펠러는 어떻게 성공할 수 있었느냐고 묻는 기자의 질문에 이렇게 대답했다.

"나는 어린 시절부터 어머니의 근검절약 정신, 특히 노력하는 삶의 자세를 많이 본받았고 그대로 행했어요. 학교에 들어가기 전부터 어머니는 십일조를 하나님께 드려야 한다는 말을 귀가 닳도록 하셨죠. 그래서 십일조 드리는 것을 한 번도 빼먹지 않았어요. 어머니의 생활방식이 곧 나의 방식이 된 것입니다.”

록펠러는 누구보다도 가정적인 가장이었다. 그는 회사 일이 끝나면 곧장 집으로 돌아와 가족과 함께 시간을 보냈다. 회의 도중에 어머니가 아프다는 소식을 듣고 곧바로 일어나 집으로 달려갈 정도로 효자이기도 했다. 록펠러는 에베소서 6장 1절에서 8절의 가르침에 따라 자녀들을 대하고 가르쳤다.

“자녀들아 주 안에서 너희 부모에게 순종하라 이것이 옳으니라 네 아버지와 어머니를 공경하라 이것은 약속이 있는 첫 계명이니 이로써 네가 잘되고 땅에서 장수하리라 또 아비들아 너희 자녀를 노엽게 하지 말고 오직 주의 교훈과 훈계로 양육하라 종들아 두려워하고 떨며 성실한 마음으로 육체의 상전에게 순종하기를 그리스도께 하듯 하라 눈가림만 하여 사람을 기쁘게 하는 자처럼 하지 말고 그리스도의 종들처럼 마음으로 하나님의 뜻을 행하고 기쁜 마음으로 섬기기를 주께 하듯 하고 사람들에게 하듯 하지 말라 이는 각 사람이 무슨 선을 행하든지 종이나 자유인이나 주께로부터 그대로 받을 줄을 앎이라"

훗날 록펠러 2세는 가정적이었던 아버지의 모습을 이렇게 회상했다.

"어머니는 언제나 아버지 옆자리에 앉아 계셨어요. 나는 아버지께서 할머니의 손을 다정하게 잡고 계시던 모습을 또렷하게 기억해요. 아버지는 우리 곁에 함께 계셨죠. 우리에게 수영, 보트, 스케이트, 말타기 등을 가르쳐 주셨어요."

록펠러는 집에 있을 때 가장 행복했다. 그러나 스탠더드 오일이 세계적인 기업으로 성장하고 출장이 많아지면서 가족과 보내는 시간은 줄어들었다.

록펠러의 아내 로라는 많은 점에서 록펠러의 어머니를 닮았다. 시어머니처럼 신앙심 깊은 집안에서 자란 그녀는 자녀들에게 경건하게 살라고 가르쳤다. 로라는 남편이 돈을 많이 벌수록 자녀들에게 근검절약하는 정신을 심어주어야 한다고 생각하고 그것을 실천했다. 그녀는 연약해 보였지만 의지력이 강한 사람이었다. 그녀는 그리스도의 삶을 본받는 생활을 몸소 실천했고,

아이들은 아무리 하고 싶은 일이어도 어머니가 해서는 안 된다고 규정한 일은 절대 하지 않았다.

로라는 억압적이고 강제적인 태도로 자신의 가르침을 강요하지 않았다. 아주 부드러운 태도로도 아이들이 따르게 만들었다. 아이들은 잘못을 저질렀을 때 어머니가 그저 부드럽게 자신의 팔에 손을 올려놓기만 해도 그 의미를 알아차리고 잘못을 고치려 했다. 아이들은 기도 시간에 자신의 행동 하나하나를 반성하고 검증하라는 교육을 받았고, 그대로 실천하며 자랐다.

"나는 옳은 행동을 하고 있는가?"

"나는 내 의무를 다하고 있는가?"

록펠러의 외아들인 록펠러 2세는 가훈이나 마찬가지인 절약하는 습관에 따라 일곱 살이 될 때까지 누나들이 물려준 옷을 입었고 누나들에게 요리와 바느질을 배웠다. 그는 나중에 한 친구에게 이런 이야기를 했다.

"난 누나들이 입던 옷을 물려 입었어. 어머니는 항상 나까지 입을 수 있도록 누나들 옷을 만들었거든."

록펠러 2세는 어머니의 가르침을 착실히 따랐고, 어머니는 록펠러 가문을 이어나갈 아들에게 각별한 정성을 쏟았다. 록펠러 2세에게 어머니만큼 강한 영향력을 미친 사람은 없었다. 록펠러 2세는 어린 시절을 이렇게 회상했다.

"어머니는 언제나 의무에 대해, 주님이 기뻐하시지 않는 것과 부모님을 즐겁게 해드리는 것에 대해 말씀하셨다. 어머니는 우리가 옳고 그른 것을 판단하도록 가르쳐 주셨고, 우리는 해서는 안 될 것은 아예 바라지도 않게 되었다."

록펠러 집안 식구들은 항상 조용조용 이야기를 나누었다. 누구에게도 험하거나 격한 말을 쓰지 않았다. 록펠러가 모범적인 사업을 일궈냈듯이 그의 아내는 모범적인 가정을 일궈낸 것이다.

록펠러는 아들에게 "늘 진실해야 한다"고 말했다. 아버지와 아들은 만나면 많은 대화를 나누지는 않았지만, 편지를 주고받으며 부자지간의 정을 나누었다. 록펠러 2세는 어린 시절 몸이 허약한 편이었는데 아버지는 항상 아들에게 용기를 주는 말을 써서 보냈다.

> 네가 자신감 있게 살아가겠다고 말하니 얼마나 기쁘고 고마운지 모르겠다.

기분이 좋아진 아들은 이런 답장을 보냈다.

> 만약 제가 아버지의 반만큼만 헌신적이고 자상하다면 제 인생

은 헛되지 않을 겁니다.

훗날 어떤 기자가 록펠러에게 이렇게 말했다.

"회장님은 탁월한 업적 두 가지를 남기신 것 같습니다. 그 하나는 '록펠러 의학연구소'이고 다른 하나는 '록펠러 2세' 같은데요."

그러자 록펠러는 웃으면서 대답했다.

"자식은 내가 아니라 그 녀석 엄마의 업적이지요."

"만일 한 지체가 고통을 받으면 모든 지체가 함께 고통을 받고 한 지체가 영광을 얻으면 모든 지체가 함께 즐거워하느니라 너희는 그리스도의 몸이요 지체의 각 부분이라 하나님이 교회 중에 몇을 세우셨으니 첫째는 사도요 둘째는 선지자요 셋째는 교사요 그 다음은 능력을 행하는 자요 그 다음은 병 고치는 은사와 서로 돕는 것과 다스리는 것과 각종 방언을 말하는 것이라"(고전 12:26~28).

04

남을 돕는
진정한 부자가 되다

큰 부자가 항상 행복하리라고 믿는 것은 잘못된 생각이다.

죽음의 위기 앞에서

쉰 살이 되었을 때 록펠러는 드디어 어린 시절부터 꿈꾸던 세계 최고의 부자가 되었다. 그러나 전혀 예상하지 못한 병에 걸리고 말았다. 오직 사업에만 신경 쓰고 30여 년간 몸을 돌보지 않은 탓이었다. 그는 심하게 기침을 했고 소화불량은 아주 심각한 상태였다. 잠을 제대로 자지 못했고 신경 계통에 문제가 생겼다. 록펠러의 주치의 비거 박사는 잠시 일을 그만두고 휴양하라고 권했다. 그러나 록펠러는 벌여놓은 일이 너무 많아 쉴 수 없었다.

그의 몸은 점점 쇠약해졌고 지독한 피부병까지 겹치는 바람에 머리카락과 눈썹이 빠졌다. 그리고 몸이 오그라들면서 당당했던 그의 신체는 노인처럼 구부정해졌다. 그는 대머리를 감추려고 2주마다 길이가 조금씩 다른 가발을 바꿔 썼다. 자연스럽게 머리카락이 자라는 것처럼 보이기 위해서였다. 그러나 그의 병은 숨긴다고 감춰질 만큼 단순하지 않았다.

록펠러는 할 수 없이 병원에 입원했다. 그는 몇 조각의 비스킷과 물로 식사를 대신해야 했다. 세계 최고의 부자는 점점 미라처럼 변해 가는 자신을 바라보며 밤잠을 이룰 수 없었다. 하루에 100만 달러씩 버는 돈도 그에게는 아무 소용이 없었다. 어려서부터 돈을 벌기 위해 살아온 그는 그제야 돈이 결코 인생의 전부가 아니라는 것을 깨달았다.

록펠러는 병원에서 종합정밀검사를 받았다. 안타깝게도 록펠러는 1년 이상 살 수 없다는 사형선고를 받았다. 그러자 사람들은 록펠러의 죽음을 안타까워하기보다 그 많은 재산이 누구에게 돌아갈 것인지에 대해 더 큰 관심을 가졌다. 억만장자 록펠러는 더 이상 행복하지 않았다. 그의 얼굴은 딱딱하게 굳어버렸다.

록펠러는 신문사마다 자신의 사망 기사를 미리 준비하고 있다는 소식을 전해 듣고 절망했다. 그는 무서운 고통 속에서 삶과 죽음에 대해 진지하게 생각하기 시작했다.

그러던 어느 날이었다. 최종 검진을 받기 위해 휠체어를 타고 가던 록펠러는 무심코 병원 로비에 걸려 있는 액자 안의 글귀를 보게 되었다.

'주는 자가 받는 자보다 복이 있다.'

그 순간 마음이 찡해지면서 눈물이 났다. 그는 지그시 눈을 감고 생각에 잠겼다. 잠시 후 주변에서 시끄럽게 다투는 소리가 들려왔다. 정신을 차리고 바라보니 사람들이 입원비 문제로 다투고 있었다. 병원 직원은 병원비를 내지 않으면 입원이 안 된다고 하고, 환자 어머니는 어떻게든 병원비를 마련할 테니 우선 입원시켜 달라고 울면서 사정하고 있었다.

록펠러는 곧 비서를 시켜 병원비를 지급했다. 그러나 누가 지급했는지 모르게 했다. 얼마 후 록펠러가 몰래 도와준 소녀가 기적적으로 살아났다. 그는 조용히 소녀의 모습을 지켜보며 미소를 지었다. 록펠러는 얼마나 기뻤던지 나중에 그 순간을 이렇게 표현했다.

"나는 살면서 이토록 행복한 삶이 있는지 몰랐다."

그때부터 나눔의 삶을 실천하기로 한 록펠러는 자선사업가로 변모했다. 자신이 병에 걸린 것이 하나님의 뜻임을 알았다. 그는 교회 일을 더욱 열심히 했고 가난한 사람들을 돕는 일에 힘 썼다. 가장 큰 변화는 그의 얼굴에 나타났다. 미소가 돌아온 것 이다.

록펠러는 이제 새사람이 되었다. 그는 돈 버는 일을 그만두고 그동안 모은 막대한 재산으로 가난하고 불쌍한 사람들을 돕기 시작했다. 그러면서 그는 하나님께 건강을 돌려달라고 눈물을 흘리며 간절히 기도했다.

"하나님, 부디 저에게 건강을 돌려주십시오. 오래 살고 싶어 서가 아니라 하나님의 뜻에 따라 지금까지 번 돈을 이 세상을 위해 쓰고 싶어서입니다."

그러자 기도에 대한 응답이 왔다. 록펠러는 점차 건강을 되찾 으면서, 밤잠도 잘 자고 음식도 잘 먹게 되었다.

인류의 행복을 위한 록펠러 재단

얼마 동안 휴식을 취하고 요양을 하자 록펠러의 몸은 몰라보게 좋아졌다. 이후 그는 다시 회사에 출근했지만, 예전과는 다른 일을 했다. 새로운 사업은 벌이지 않고 지금까지 해오던 업무를 회사 임원들에게 넘겨주었다. 그는 병상에서 깨달은 대로 자선 사업을 하기 위해 주변을 정리하며 은퇴를 준비했다. 그는 앞으로는 사업보다는 삶의 방향을 성경에서 찾고, 기도하는 삶을 살겠다는 결심했다. 록펠러는 이런 생각을 했다.

'하나님께서 내게 많은 돈을 주신 것은 내가 그것을 세상 사람들에게 다시 나누어 주리라는 것을 아시고 도구로 사용하시려는 뜻이었구나.'

그는 자신의 재산은 '인류의 복지를 위해 사용하라고 하나님께서 주신 선물'이라고 생각하고 앞으로는 자선사업만 하겠다고 마음먹었다. 그의 앞길에는 새로운 사업이 기다리고 있었다. 그는 자선사업을 하려면 어떻게 해야 할 것인가 골똘히 생각했다.

그는 어린 시절부터 어머니의 가르침에 따라 수입의 십분의 일을 꼬박꼬박 떼어 교회에 헌금해 왔다. 그리고 젊은 시절 직장을 다닐 때부터 자선사업에 많은 돈을 기부했다. 하지만 그것은 조금씩 꾸준히 내놓은 것이었다. 이제 록펠러는 하나님께서 그런 방식이 아니라 전 재산을 바치는 자선사업을 요구한다는 것을 깨달았다.

록펠러가 자선사업에 관심이 있다는 사실이 알려지자 수많은 사람이 그에게 몰려들었다. 그는 가는 곳마다 도움을 청하는 사람들에게 시달려야 했다. 그러면서 자선사업을 하기 위해서는 사업할 때만큼의 노력이 필요하다는 것을 깨닫게 되었고, 필요한 곳에 자금이 지원되어야 한다는 신념이 생겼다.

록펠러의 유일한 관심사는 어떻게 하면 자선사업에 재산을 지혜롭게 쓸 수 있는지였다. 그는 맨 처음 교육에 눈을 돌려 1903년 '교육재단'을 창립하면서 이런 말을 했다.

"나는 세상의 나쁜 힘을 없애야 한다는 생각을 합니다. 그 힘은 교육에서 나온다고 생각합니다. 그래서 우선 대학을 도와주기로 했습니다."

그 후 시카고 대학을 설립한 그는 대학 발전에 큰 관심이 많았지만, 학문 연구와 학교 운영에는 전혀 간섭하지 않았다. 그는 자신이 살아 있는 동안에는 자신의 이름을 따서 건물 이름을 붙이는 것조차 거절했다. 록펠러가 처음으로 시카고 대학을 방문한 것은 15주년 개교기념일이었다. 학교 측에서는 학생들을 시켜 록펠러를 환영하는 노래를 만들어 부르게 했다. 록펠러는 그 노래를 듣고 이렇게 말했다.

"그 돈은 하나님께서 주신 것입니다. 그러니 어떻게 시카고 대학에 기부하지 않을 수 있습니까?"

록펠러는 어머니가 돌아가시자 뉴욕에서 가장 크고 아름다운 '리버사이드 교회'를 지어 봉헌했다. 어머니가 가르쳐 준 신앙 정신을 오래도록 기리기 위해서다. 리버사이드 교회에서 첫 예배를 보던 날 많은 사람이 록펠러와 그의 가족을 위해 감사의 기도를 올렸다. 그때 록펠러는 간단한 한마디만 남겼다.

"주님께 받은 것을 다시 주님께 드렸을 뿐입니다."

1913년, 록펠러는 마침내 세계 최대의 자선단체인 록펠러 재단을 설립했다. 록펠러 재단은 전 세계 인류를 조금이라도 행복하게 만드는 것을 목표로 삼았다. 그는 자선사업에도 인재가 필요하다는 생각에 사명감과 추진력이 강한 프레더릭 T. 게이츠 목사를 영입했다. 그리고 록펠러 2세도 자선사업에 평생을 바치겠다고 다짐하고 록펠러 재단에 참여했다.

록펠러 재단이 주로 하는 일은 교육과 세계 평화를 위한 것이다. 록펠러 재단은 미국뿐 아니라 유럽, 중국, 일본의 많은 도시에 의과대학교 건립에 필요한 자금을 기부했다. 또한, 록펠러 재단이 만든 록펠러 의학연구소는 백신 등의 의약품을 개발해 말라리아, 발진티푸스, 결핵, 황열병 등의 질병 퇴치에 공헌했다. 록펠러 재단의 후원으로 170여 명에 달하는 노벨상 수상자들이 나온 것만 봐도 그 위력을 알 수 있다.

록펠러 재단은 그 외에도 인류 역사상 중요한 업적을 많이 남겼다. 우리나라도 록펠러 재단의 후원을 받았다. 대표적인 예가 1948년 12월 록펠러 재단에서 약 4만 5,000달러를 지원받아 최초의 국어사전을 만든 것이다. 당시는 해방 이후의 혼란기라서 모든 것이 부족해 사전을 만들 여력이 없었는데 록펠러 재단의 지원을 받아 사전을 편찬하게 되었다.

최근 들어 아시아와 아프리카의 여러 나라를 돕고 있는 록펠러 재단은 록펠러 가문을 세계에서 가장 많은 자선을 베푼 가문으로 만들었다. 록펠러의 자손은 경영, 자선, 정치, 예술 분야에서 100년 이상 활발한 활동을 펼쳤고 21세기에도 막강한 영향력을 행사하고 있다.

"두려워하지 말라 내가 너와 함께 함이라 놀라지 말라 나는 네 하나님이 됨이라 내가 너를 굳세게 하리라 참으로 너를 도와주리라 참으로 나의 의로운 오른손으로 너를 붙들리라"(사 41:10).

05

하나님을 의지한 사람의
아름다운 마무리

나는 돈의 창고를 맡은 청지기이다. 따라서 이 돈을 하나님의 뜻대
로 사용하는 권리밖에 없다.

수천 개의 교회를 세우다

록펠러는 스탠더드 오일에서 물러난 후 자선사업에 관련된 일
은 게이츠 목사와 록펠러 2세에게 맡기고 여유 있는 은퇴생활
을 즐기기 시작했다. 록펠러는 충실한 남편이자 헌신적이고 모
범적인 아버지였다. 그는 젊은 시절 사업에 바빠서 가족과 함께
하는 시간이 부족했지만, 가정을 등한시한 적은 없었다. 은퇴한
록펠러는 가족들과 좀 더 행복한 삶을 누리기를 원했다. 그러나

그 일은 가족들의 건강 때문에 여의치 못했다. 록펠러는 50대 중반에 혹독한 병마가 스쳐 간 이후 건강을 유지하며 생활했지만 가족들은 그렇지 못했다.

큰딸 베시는 마흔 살 젊은 나이에 건강이 악화되어 세상을 떠났다. 막내딸 에디스와 아내 로라의 건강도 좋지 않았다. 록펠러가 신경을 많이 썼지만, 아내의 몸은 점점 쇠약해지고 신경도 날카로워져 갔다. 그 무렵 록펠러는 좋아하는 여행도 다니지 않고 거의 집에서 아내와 함께 지냈다. 그는 아내에게 책을 읽어주었고, 정원을 가꾸어 아름다운 꽃을 맘껏 볼 수 있게 해 주었다.

록펠러는 손자, 손녀들을 불러 정원을 가꾸는 법을 가르쳐 주거나 용돈을 나누어 주는 것을 낙으로 삼았다. 그는 아이들에게 용돈을 주면서 돈을 '낭비하지 말라'는 말을 잊지 않았다.

"애들아, 돈을 쓸 때는 아주 아껴 써야 해. 너희들이 커서는 가난한 사람들을 도와줄 능력을 갖추어야 하고. 이것을 잊으면 안 돼."

록펠러 부부는 로라가 일흔다섯 살이 되었을 때 도시를 떠나 그해 겨울을 남쪽의 따뜻한 휴양지인 플로리다에서 보냈다. 록펠러 부부는 그곳에서 쉰 번째 결혼기념일과 로라의 일흔다섯 번째 생일을 맞이했다. 그곳에 머무르는 동안 아내의 건강은 다소 회복되는 것 같았다. 하지만 로라는 그다음 해인 1915년 3월 12일, 일흔여섯 살의 나이로 세상을 떠났다. 록펠러는 아내의 죽음에 몹시 상심해서 눈물을 흘렸다. 아들은 그때 처음으로 아버지가 우는 모습을 보았다. 록펠러는 너무나 평화롭고 편안한 얼굴로 잠든 듯이 누워 있는 아내의 모습을 오랫동안 바라보고 서 있었다. 록펠러는 아내를 기념하기 위해 '로라 스펠만 록펠러 재단'을 설립했고, 시카고 대학교 안에 시카고 교회를 건축하여 하나님께 드렸다. 록펠러는 교회 봉헌식에서 이렇게 말했다.

"인생에서 저에게 가장 큰 행복을 안겨준 일, 제가 이룬 가장 큰 업적이라면 사랑하는 아내를 얻은 것입니다."

록펠러는 어머니와 아내의 신실한 신앙심을 기념하기 위해 4,928개의 교회를 지어 사회에 헌납했다.

십일조의 비밀을 안 사람

록펠러는 백 살 가까이 살면서 점점 신비로운 존재가 되어 갔다. 그는 비가 오나 눈이 오나 매일 한 번씩 차를 타고 드라이브를 했다. 아흔 살이 넘은 그는 몸이 약간 야위기는 했지만 늘 편안한 복장으로 골프장에 나가 스윙을 했다. 그가 넓은 잔디밭에서 손자들과 함께 즐겁게 대화하는 장면이 신문에 실리기도 했다.

록펠러는 아흔여덟 살이 되어서도 여전히 골프를 치고 드라이브를 즐겼으며 식사 때는 주변 사람들과 농담을 주고받기도 했다. 그러던 어느 날 그는 호흡곤란을 느끼고 처음으로 산소호흡기를 사용하게 되었다. 그는 비로소 자신에게도 죽음이 찾아오고 있다는 것을 알았다.

어느 날 아침, 잠에서 깨어난 록펠러는 아내의 얼굴이 마치 눈앞에 있는 것처럼 생생하게 떠오르는 것을 느꼈다. 죽음의 천사가 자신에게 오고 있음을 알아차린 그는 천천히 자리에서 일어나 무릎을 꿇고 기도했다.

"하나님, 하나님께서 저를 보시는 그 눈으로 제가 저 자신을 바라볼 수 있는 눈을 주셔서 정말 감사합니다. 그동안 저의 약한 부분을 감싸주시고 건강을 유지할 수 있도록 살펴주신 것에도 감사드립니다. 이제 저는 제 마음에 숨은 사람들을 다시 만날 것입니다. 하나님, 아무것도 피하지 않겠습니다. 그동안 돌봐주신 것에 진심으로 감사드립니다."

록펠러는 기도를 마치고 자리에서 일어났다. 그리고 아무도 없는 방 안에서 벽을 바라보며 중얼거렸다.

"여보, 나는 이제 다시 당신을 만나러 이곳을 떠나려 하고 있소. 그동안 당신과 너무 오래 떨어져 있던 것 같네."

록펠러의 눈앞에는 아내가 생전의 모습 그대로 다가와 있었다.

그는 1937년 5월 22일, 아흔여덟 번째 생일을 며칠 앞두고 조용히 숨을 거두었다.

록펠러는 우리가 생각하는 것보다 더 큰, 진정한 십일조의 비밀을 알고 있던 사람이었다. 그것은 십일조란 '하나님의 밭에 뿌려져서 싹을 틔우고 자라나 열매를 맺는 씨앗'이라는 믿음이었다. 록펠러는 그저 단순하게 헌금이나 십일조를 교회에 바치지 않았다. 씨앗을 뿌리는 마음으로 감사하며 하나님의 밭에 뿌렸다. 그러면 그 씨앗은 하늘의 밭에서 움트고 자라나 많은 열매로 되어 다시 돌려주었다.

그가 마흔 명이나 되는 직원을 두고 십일조를 계산하게 하고 가장 정직하게 십일조를 헌금하는 모범을 보여준 것도 바로 이런 이유 때문이다. 여기에 록펠러의 십일조의 비밀이 숨겨져 있음을 결코 잊어서는 안 될 것이다. 훗날 그는 자신의 일생을 돌아보며 자서전에서 이렇게 말했다.

"내가 엄청난 재산을 모아 전 세계 인류의 자유에 도움을 주게 된 것은 하나님의 뜻이다."

"사망아 너의 승리가 어디 있느냐 사망아 네가 쏘는 것이 어디 있느냐"(고전 15:55).

성경에 나타난 십일조의 근거들

1. 하나님은 십일조에 대해서 엄격하게 말씀하셨다.

"사람이 어찌 하나님의 것을 도둑질하겠느냐 그러나 너희는 나의 것을 도둑질하고도 말하기를 우리가 어떻게 주의 것을 도둑질하였나이까 하는도다 이는 곧 십일조와 봉헌물이라"(말 3:8).

2. 예수님은 십일조가 폐해진 것이 아니라고 말씀하셨다.

"화 있을진저 외식하는 서기관들과 바리새인들이여 너희가 박하와 회향과 근채의 십일조는 드리되 율법의 더 중한 바 정의와 긍휼과 믿음은 버렸도다 그러나 이것도 행하고 저것도 버리지 말아야 할지니라"(마 23:23).

3. 십일조는 미리 준비해야 한다.

"매주 첫날에 너희 각 사람이 수입에 따라 모아 두어서 내가 갈 때에 연보를 하지 않게 하라"(고전 16:2).

4. 십일조는 즐거움으로 해야 한다.

"각각 그 마음에 정한 대로 할 것이요 인색함으로나 억지로 하지 말지니 하나님은 즐겨 내는 자를 사랑하시느니라"(고후 9:7).

5. 하나님을 기쁘시게 하는 예물에는 반드시 복이 임한다.

"만군의 여호와가 이르노라 너희의 온전한 십일조를 창고에 들여 나의 집에 양식이 있게 하고 그것으로 나를 시험하여 내가 하늘 문을 열고 너희에게 복을 쌓을 곳이 없도록 붓지 아니하나 보라"(말 3:10).

백화점 왕으로 불리는 워너메이커는 가난한 벽돌공의 아들로 태어나 자수성가한 신앙인이다. 그는 1888년부터 1893년까지 해리슨 대통령의 행정부에서 체신부 장관을 지내면서도 교회 활동에 성실했다. 70여 년간 한 번도 빠지지 않고 주일학교에서 아이들을 가르쳤다. "나는 장관은 부업이고 주일학교 교사가 본업입니다"라고 한 말은 그의 신앙심이 어떠했는지 상징적으로 대변해 준다. 그는 어려서부터 기발하고 다양한 아이디어로 돈 버는 방법을 찾아내는 재주가 있었다. 또한, 남다른 아이디어, 홍보 전략과 직원을 사랑하는 경영 철학으로 '백화점 왕'이 되었다.

Part **2**

주일학교 교사가 본업인 백화점 왕

존 워너메이커

John Wanamaker

1838~1922

만약 기도보다 더 즐거운 것이 있다면,
성경보다 더 좋은 책이 생긴다면, 교회보다 더 좋은 곳이 있다면,
주님이 베푸신 식탁보다 더 좋은 식탁을 맞이한다면,
예수님보다 더 좋은 사람을 만났다면, 천국보다 더 좋은 희망을 찾았다면,
여러분의 신앙은 위험에 빠진 것이다.

존 워너메이커

백화점 신화를 만든 사람

백화점을 처음 만든 백화점 왕

현대적 비즈니스를 개척한 사람

벽돌 한 장으로 교회를 짓게 한 소년

정규 교육을 받지 않고 체신부 장관이 된 사람

장관은 부업이고 주일학교 교사가 본업이라고 밝힌 사람

인생에서 가장 잘한 투자는 성경을 산 것이었다고 고백한 사람

세계 곳곳에 YMCA(기독교 청년회) 건물을 지어준 사람

일제 강점기, 우리나라 종로 2가에 YMCA 건물을 지어준 사람

십일조로 복 받은 세계 부자들

이것은 백화점 왕, 존 워너메이커의 업적이다. 가난한 벽돌공의 아들로 태어난 그는 열세 살 때 서점 점원, 옷가게 점원으로 시작해서 자수성가했다. 그는 장사를 배우면서 남다른 수완을 보였다. 최초로 상업광고를 한 그는 1861년에는 필라델피아에서 남성의류점 오크 홀(Oak Hall)을 열고 매우 독특한 아이디어와 광고로 사업을 확장해 나갔다. 당시 언론매체를 이용한 광고는 이례적인 것으로 누구도 상상하기 힘든 일이었다. 그는 사업 초기부터 광고가 중요하다는 것을 깨닫고 이색적인 방법으로 홍보했다.

오늘날 사람들은 존 워너메이커를 가난 속에서도 절망하지 않고 아이디어를 끊임없이 창출해 현대적 비즈니스의 모델을 제시한 개척자이자 모범적인 실천가로 평가한다. 그러나 그는 사업가 이전에 하나님의 일꾼으로 일찍부터 쓰임 받던 사람이었다. 그는 1858년 베다니 주일학교를 창립했고, YMCA 운동을 주도하면서 인도에 YMCA를 창립했다. 무엇보다도 70여 년간 주일학교 교사를 한 것에 긍지를 느꼈다. 그는 한 번도 빠지지 않고 주일학교에 나가 봉사했다.

그는 사회 · 정치 활동에도 열심이었다. 1864년 미국 최초로 위생박람회를 열고 1888년부터 1893년까지 해리슨 대통령의 행정부에서 체신부 장관을 지내며 우편전신망 확대와 정비에 크게 공헌했다. 하지만 그의 참모습은 하나님 앞에 설 때 가장 잘 드러났다. 그는 교회에서 봉사하면서 자신의 사명을 확인했다. 어느 인터뷰에서 그는 다음과 같은 유명한 말을 남겼다.

"나는 장관이 부업이고 주일학교 교사가 본업입니다."

"이 여러 왕들의 시대에 하늘의 하나님이 한 나라를 세우시리니 이것은 영원히 망하지도 아니할 것이요 그 국권이 다른 백성에게로 돌아가지도 아니할 것이요 도리어 이 모든 나라를 쳐서 멸망시키고 영원히 설 것이라 손대지 아니한 돌이 산에서 나와서 쇠와 놋과 진흙과 은과 금을 부서뜨린 것을 왕께서 보신 것은 크신 하나님이 장래 일을 왕께 알게 하신 것이라 이 꿈은 참되고 이 해석은 확실하니이다 하니"(단 2:44~45).

십일조로 복 받은 세계 부자들

01

인생 최고의 투자, 성경

작은 일도 온 힘을 다해서 하라. 그대에게 맡겨진 일 속에 성공으로 가는 길이 있다. 성공한 사람들은 자신이 할 수 있는 일이라면 크든 작든 가리지 않고 꾸준히 성실하게 해 나갔다.

벽돌공장에서 일한 돈으로 성경을 사다

존이 열 살 때 일이다. 주일학교에 다닌 지 얼마 안 된 그는 선생님께 부탁해서 성경을 사고는 큰 고민에 빠졌다. 주일학교 교사가 성경을 사고 싶은 사람이 있으면 시내 서점에서 사다 준다고 하자 마침 저축한 돈이 있던 존이 선생님께 부탁했다. 다음 주 선생님이 성경책을 사다 주시며 2달러 75센트라고 말하자 존은 깜짝 놀랐다. 저축한 돈이 37센트밖에 없었기 때문이다.

책이 귀한 시대라 성경책값은 무척 비쌌다. 선생님도 고민이 되긴 마찬가지였다. 가난했던 선생님도 존에게 성경책을 사줄 형편이 되지 못했다. 또한, 구입한 물건을 환불해 주는 시절도 아니었다. 결국, 존은 아버지가 다니는 벽돌공장에서 일해 받은 돈으로 성경책값을 갚아나갔다. 그는 벽돌 100개를 나르면 2센트를 받았는데 1년 반 동안 일해서 나머지 돈을 선생님께 드릴 수 있었다.

1921년 어느 날, 한 기자가 워너메이커에게 물었다.

"회장님은 지금까지 투자한 것 중에서 가장 성공적인 투자가 무엇입니까?"

그는 마음속에 답변을 준비하고 있었다는 듯 분명한 어조로 말했다.

"지금 내 재산은 건물과 땅만 해도 대략 200억 달러가 넘습니다. 그동안 나는 많은 투자를 했지요. 하지만 그 어떤 투자도 내가 열 살 때 했던 투자만큼 크지 않습니다. 나는 그때 최고의 투자를 했습니다. 2달러 75센트를 주고 예쁜 가죽 성경 한 권을 샀거든요. 나는 이것이 내 인생에서 가장 위대한 투자라고 생각합니다. 성경이 오늘의 나를 만들었으니까요."

그날 이후 사람들은 그를 '성경이 만든 부자'라고 불렀다.

존 워너메이커는 1838년 7월 11일 필라델피아 변두리의 가난한 2층 벽돌집에서 태어났다. 아버지 넬슨 워너메이커는 벽돌공장에서 일하는 평범한 가장이었고 어머니 엘리자베스는 어려운 살림을 꾸려나가며 일곱 남매를 모두 건강하고 착하게 키운 현모양처였다. 존의 부모님은 가난했지만, 하나님을 믿고 따르며 성실하고 정직하게 살았다.

존은 울창한 숲과 아름다운 들판이 있는 전원에서 자라났다. 그가 열 살이 되던 해 마을에 문을 연 작은 학교에 입학해 공부하게 되었다. 수학을 무척 좋아했던 그는 책 읽는 것도 즐겼다.

열두 살이 되던 해 그의 가족은 필라델피아를 떠나 인디애나로 이사를 하게 되었다. 그곳에는 학교가 없어 존은 더 이상 학교 수업을 받지 못했다. 하지만 그에게는 주일학교가 있었다. 그는 주일학교에서 신앙심을 키우며 그리스도의 신실한 사람으로 성장했다.

존 워너메이커는 사업가로서 대성공을 거두면서도 그리스도를 본받는 삶을 한시도 잊지 않았다. 그는 그리스도를 생명의 구원자로 믿고, 오직 그리스도를 본받기 위해 의를 좇아 살았다. 예수 그리스도는 "나를 따르는 사람은 누구든지 어둠의 길을 걷지 않을 것이다"(요 8:12)라고 말씀하셨다. 하나님 나라가 이미 인간의 마음속에 있다는 것이다. 존 워너메이커는 세상을 떠나기 전에 이렇게 말했다.

　"나는 주일학교에 처음 나간 이후 75년 동안 그곳에 성경을 배
　웠지요. 그 시간이 내 인생에서 가장 즐겁고 행복한 시간이었
　습니다."

　존 워너메이커는 정규 교육을 받지 못했지만, 그에게는 주일
학교가 있었다. 그는 그곳에서 성경을 배워 하나님과 함께하는
행복한 삶을 살 수 있었다. 그는 마태복음 6장 20절과 21절의
"너희를 위하여 보물을 땅에 쌓아 두지 말라 거기는 좀과 동록
이 해하며 도둑이 구멍을 뚫고 도둑질하느니라 오직 너희를 위
하여 보물을 하늘에 쌓아 두라 거기는 좀이나 동록이 해하지 못
하며 도둑이 구멍을 뚫지도 못하고 도둑질도 못하느니라 네 보
물 있는 그 곳에는 네 마음도 있느니라"는 말씀을 평생 가슴에
새기며 살았다. 그는 말라기 말씀대로 자신이 번 막대한 재산을
하나님의 일을 위해 아낌없이 내놓았다.

　"만군의 여호와가 이르노라 너희의 온전한 십일조를 창고에
　들여 나의 집에 양식이 있게 하고 그것으로 나를 시험하여 내
　가 하늘 문을 열고 너희에게 복을 쌓을 곳이 없도록 붓지 아니

하나 보라"(말 3:10).

생각하라, 실천하라

존 워너메이커가 벽돌공장에서 일하며 교회에 다니던 열세 살 때의 이야기다. 그가 다니는 교회는 오래되어 비가 조금만 오면 지붕이 새고, 입구는 진창이 되어 드나드는 것이 몹시 불편했다. 그러나 교회는 가난해서 보수도 하지 못하고 있었다. 어린 존은 어른들이 교회가 이 지경인데도 아무런 대책을 세우지 않는 것이 답답했다.

'자기 집 같았으면 벌써 고쳤을 거야.'

이런 생각을 한 존은 자신이 직접 그 길을 포장하겠다고 결심하고 다음 날부터 하루에 받는 7센트 임금 중에서 약간씩 돈을 떼어 매일 벽돌 한 장을 샀다. 그리고 새벽마다 교회로 들어가는 길에 벽돌을 깔기 시작했다. 며칠이 지나자 목사님은 누군가 교회 진입로를 아주 조금씩 만들어 가고 있다는 것을 발견했다. 누가 그 일을 하는지 몹시 궁금해진 목사님은 이튿날 새벽에 일어나 교회로 가다가 어린 존이 벽돌을 까는 것을 보고 깜짝 놀랐다.

"어른들도 하지 못하는 일을 네가 하고 있었구나!"

목사님은 목이 메어 말을 잇지 못했다. 목사님은 주일 설교 시간에 존이 한 일을 이야기했다.

"우리 누구도 하지 못한 일을 어린 존이 하고 있었습니다. 존이야말로 하나님께서 우리에게 보내주신 은인입니다."

목사님의 설교를 들은 교인들은 이기적이며 형식적이었던 신앙생활을 반성했다. 그리고 한 달 뒤에 기적이 일어났다. 교회 진입로가 완성된 것이다. 혼자서 완성하려면 2년도 넘게 걸릴 일이었는데 교인이 함께하니 길이 금세 만들어졌다. 존의 행동을 통해 자신들의 모습을 반성하고 부끄러움을 느낀 어른들이 교회 진입로를 포장한 것이다. 여기서 그치지 않고 어른들은 낡은 교회 건물을 헐고 새로 짓기로 결의했다. 벽돌 한 장으로 시작된 기적이었다. 진창길을 걷기 편한 길로 만들기 위해 벽돌을 한 장 한 장 깔아 나갔던 존의 행동이 어른들을 바꾸어놓은 것이다. 목사님은 교인들에게 잠언 17장 말씀을 봉독하면서 워너 메이커의 선행을 칭찬했다.

"마른 떡 한 조각만 있고도 화목하는 것이 제육이 집에 가득하고도 다투는 것보다 나으니라 슬기로운 종은 부끄러운 짓을 하는 주인의 아들을 다스리겠고 또 형제들 중에서 유업을 나누어 얻으리라 도가니는 은을, 풀무는 금을 연단하거니와 여호와는 마음을 연단하시느니라"

그때부터 워너메이커는 '생각하라, 그리고 실천하라'를 평생 신념으로 가슴에 품고 살았다.

"하나님이 능히 모든 은혜를 너희에게 넘치게 하시나니 이는 너희로 모든 일에 항상 모든 것이 넉넉하여 모든 착한 일을 넘치게 하게 하려 하심이라"(고후 9:8).

광고의 달인,
백화점 왕이 되다

기도란 하나님과 손잡는 것이다.

탁월한 장사꾼 기질

존 워너메이커는 어려서부터 장사에 남다른 수완이 있었다. 숫자 계산이 빠르고 기발하고 다양한 아이디어로 돈이 되는 일을 찾아내었다. 열두 살 때의 일이다. 그가 사는 집에는 사과나무가 꽤 있었고 텃밭도 있어서 사과를 키우고 채소를 재배했다. 존은 동생 윌리엄과 함께 그것들을 내다 팔아 돈을 벌어서 어머니에게 드리곤 했다.

어느 날 존은 사과와 채소를 팔려고 윌리엄과 함께 장터로 마차를 몰고 갔다. 그런데 그날따라 장터는 썰렁했다. 오가는 사람이 별로 없었다. 존은 순간 당황했지만 좋은 아이디어가 떠올랐다. 존이 윌리엄에게 말했다.

"야, 인디언 마을로 가자."

"뭐라고? 거긴 왜?"

"물건을 팔아야지."

존은 이미 마차를 돌려서 인디언 마을로 내달리고 있었다.

"형, 무서워. 인디언들은 돈도 없을 텐데 왜 가는 거야?"

동생이 애원하다시피 말렸지만, 존은 자신만만한 얼굴로 마차를 몰았다. 마차가 인디언 마을에 도착하자 인디언들은 적의에 찬 시선으로 마차를 바라보았다. 그러다 마차를 몰고 온 사람이 어린아이임을 알고 하나둘 모여들었다. 존은 마차에 싣고 간 사과와 감자, 호박 등의 채소를 그들에게 보여 주었다. 그들 중 노인이 말했다.

"물건이 모두 싱싱하고 좋지만 우린 지금 돈이 없어."

그러자 존은 웃으면서 자신의 맨발을 가리키며 외쳤다.

"모카신! 모카신!"

모카신은 북아메리카 인디언의 전통 신발이다. 정교하게 만든 부드러운 가죽신으로 퀼워크와 구슬로 장식하고 뒤축이 없는 것이 특징인데 백인에게 인기가 높았다. 존의 말을 들은 인디언들은 자기 집에서 만들어놓은 모카신을 들고 나왔다.

"좋다. 모카신과 이것들을 바꾸자. 너희들 다음에도 과일과 채소를 가져올 수 있겠니?"

"그럼요."

이렇게 해서 존은 과일과 채소를 모카신과 바꾸고 돌아왔다. 인디언들과의 첫 거래에 성공한 존은 그 후로도 계속 그들과 거래를 했다. 어떤 사람은 존의 행동을 돈키호테 같은 모험 정도로 생각했고, 어떤 사람은 크게 걱정을 하기도 했지만, 존은 그 거래를 통해 몇 배의 이윤을 남길 수 있었다. 모카신은 백인에게 아주 귀한 물건이었다. 특히 사냥꾼과 상인, 초기 개척자들에게 꾸준히 인기를 얻었다.

존의 아버지는 그가 열네 살 되던 해 세상을 떠났다. 신앙심 깊은 어머니는 혼자 힘으로 일곱 남매를 키워냈고, 존은 어머니를 돕기 위해 서점에 취직했다. 그 무렵의 일이다. 어머니의 생신을 맞이해 자기가 번 돈으로 선물을 사드리고 싶었던 존은 상점에서 손수건을 하나 골랐다. 그런데 밖에 나와 햇빛 아래서 보니 상점 안에서 보던 것과는 달리 손수건 색깔이 선명하지 않았다. 존은 다시 상점으로 들어가서 다른 것으로 바꾸어 달라고 말했다. 그러나 점원은 존이 직접 골랐고 이미 돈까지 냈고 물건을 팔았으니 교환할 수 없다고 냉정하게 거절했다. 더 이상 존을 응대하지도 않았다. 존은 집으로 돌아오면서 불친절한 점원에 분개하면서 마음먹었다.

'나중에 내가 상인이 된다면 항상 고객에게 친절하고 손님이 원한다면 언제든지 교환해 줄 거야. 실수로 잘못 고를 수도 있는 거잖아.'

이 생각은 훗날 그의 경영방침이 되었고, 그가 백화점 왕이 되는 데 크게 공헌했다.

그는 청년이 되자 옷가게에서 일하기 시작했다. 옷가게 일은 그의 적성에 맞았다. 그는 손님이 무엇을 원하는지 세심하게 점검하면서 일을 배워 나갔다. 부지런하고 예의 바른 그를 모두 좋아했다. 당시 그는 YMCA에서 활동하면서 주일학교 교사로 일하느라 바빴지만 다른 누구보다 먼저 출근하고 가장 늦게 퇴근하는 성실한 모습을 보여 주었다. 그러면서 장차 자신이 할 사업에 대해 구상해 나갔다.

워너메이커는 옷가게 점원을 하면서 알뜰히 모은 돈으로 의류점을 창업하기로 했다. 그는 그동안 저축한 돈을 들고 아내의 오빠인 나산 브라운을 찾아가 남성복 사업을 제안했다. 나산 브라운은 존과 함께라면 성공할 수 있다며 흔쾌히 동의했다. 두 사람은 각각 2,000달러씩 투자해 가게를 차리기로 하고 1861년 필라델피아 하이 스트리트에 '워너메이커 앤드 브라운 오크 홀'이라는 간판을 단 남성복 전문 의류점을 열었다. 그러나 가게를 열고 나흘 후에 남북전쟁이 터지고 말았다. 결국, 첫 주부터 적자였다. 그러나 두 사람은 실망하지 않았다.

"너무 실망하지 맙시다. 어쩌면 이 전쟁이 우리에게 새로운 돌파구를 마련해 줄지도 몰라요."

과연 그랬다. 다음 주가 되자 군대에서 군복 주문이 들어온 것이다. 워너메이커는 즉시 재단사들과 바느질꾼을 모집해 제조업 시스템을 갖추고 군에 납품을 시작했다. 오크 홀 의류점이 소매점과 제조업을 겸한 회사로 성장하게 된 것이다.

워너메이커와 브라운은 손발이 잘 맞았다. 워너메이커가 아이디어를 제시해서 사업을 이끌면 브라운은 뒤에서 꼼꼼하게 일을 챙기고 마무리를 지어 의류점이 성장하도록 뒷받침해 주었다.

비즈니스의 필수 원칙 네 가지

워너메이커는 오크 홀 의류점을 운영하면서 그동안 꿈꾸던 새로운 형태의 비즈니스를 선보였다. 우선 그는 '고객은 왕이다'

라는 신조 아래 비즈니스의 필수 원칙 네 가지를 정했다. '정가 판매', '상품의 품질 표시', '현금 거래,' '반품 및 교환 가능'으로 고객을 중심에 둔 원칙이었다. 이는 오늘날에는 당연한 개념이지만 당시로써는 거의 혁명과도 같았다.

예를 들어 당시에는 상품에 가격표를 붙이지 않는 것이 일반적이었다. 상점마다 가격이 다르고 유통질서도 매우 어지러웠다. 이런 현실 속에서 정가 판매는 실험적인 일이었다. 워너메이커는 자신이 한 약속을 무슨 일이 있어도 지키기 위해 최선을 다했다. 그 결과 고객들의 신뢰를 받아 큰 반향을 일으켰고, 그의 사업은 나날이 번창했다.

첫날 24달러 67센트에 불과했던 매출은 기하급수적으로 늘어 첫해에만 2만 4,000달러의 매출을 달성했다. 작은 의류점이 몇 년이 지나지 않아서 세일즈맨 43명, 재단사 70명, 일반 점원 20명의 큰 사업체로 발전했고, 10년 뒤에는 연 매출 200만 달러를 기록하는 대형업체로 성장했다.

1869년, 그는 두 번째 가게를 열면서 또 다른 서비스로 고객들을 끌어들였다. 그는 고객들이 옷을 사든 사지 않든 편하게 매장을 둘러보고 구경하도록 했다. 약속 장소나 휴식 공간을 제공했으며, 물품 보관소를 설치했다. 현대적 의미의 쇼핑몰을 선보인 것이다.

그는 사업을 하면서 자신의 이익뿐 아니라 다른 사람의 이익도 돌아볼 줄 아는 경영자였다. 기존 상인들은 '많은 이익을 챙기면 그만'이라는 생각으로 장사했지만 워너메이커는 기업 이익만을 추구하지 않고 고객을 생각하는 현대적 의미의 비즈니스 개념을 고안하고 적용했다. 고객의 이익과 편의, 권리를 생각하는 새로운 질서를 만든 것이다.

사업은 날로 번창했지만 워너메이커는 거기에 만족하지 않고 다른 사업을 구상해 나갔다. 어느 날, 그의 머릿속에 번뜩이는 아이디어가 떠올랐다. 필라델피아 도시 전체를 한 손에 거머쥘 수 있는 구상이었다. 몇 년 동안 아무도 사용하지 않는 땅인 철도회사의 화물정거장을 사업장으로 만든다는 생각이었다. 화물정거장은 도시 한복판에 자리 잡고 있었지만 프랭클린 과학 협회가 미국 독립 100주년 기념 축제를 벌인 이후로 버려진 상태나 마찬가지였다. 아무도 그곳을 눈여겨보지 않았다. 워너메이커는 그 자리야말로 필라델피아 상권의 중심이 될 수 있다고 판단했다. 그는 1875년 11월에 50만 5,000달러라는 거금을 지급하고 화물정거장을 사들였다. 그리고 '그랜드 디포 백화점'을 세웠다.

그랜드 디포 백화점은 기존 상점과는 전혀 다른 새로운 스타

일이었다. 옷가게 하면 남성복만 팔던 관행에서 벗어나 여성 의류와 일반 상품도 판매했다. 모든 상품을 판매하는 '백화점'이라는 새로운 형태의 유통 체계를 창안한 것이다.

당시는 상점들이 상품의 품목을 한 가지로만 제한해 팔았다. 따라서 사람들은 필요한 물건을 사기 위해 이 가게, 저 가게로 돌아다녀야 했다. 그런데 워너메이커가 이런 문제점을 해결한 쇼핑몰 형태의 상점, 즉 백화점을 연 것이다.

백화점이 생기자 사람들은 한 곳에서 필요한 물건을 살 수 있어 크게 만족했다. 그곳은 의류는 물론 농산품, 공산품, 어린이용품, 가구, 제과, 서적까지 거의 모든 상품을 쇼핑할 수 있었다. 사람들은 백화점에 식당이 있다는 사실에 놀랐다. 그러자 그랜드 디포 백화점에 대한 이야기가 기사화되고 신문에 자주 오르내리게 되었다. 이것이 백화점을 광고하는 효과를 불러일으켜 백화점을 찾는 사람들은 점점 늘어났다.

대중에게 큰 관심을 끈 그랜드 디포 백화점은 3년 뒤인 1879년에 46개 부서에 2,000명 직원으로 늘어났다. 다시 3년 뒤인 1881년에는 직원 수가 3,200여 명으로 늘어났다. 그는 발명왕 에디슨의 도움을 받아 현대적인 전기 시설과 환기 시설을 갖추고 세계 최초로 엘리베이터를 설치해 세상 사람들의 이목과 관심을 끌었다.

워너메이커는 마태복음 7장 말씀을 믿고 기도하며 새로운 아이디어를 하나님께 간구하여 응답받곤 했다.

> "구하는 이마다 받을 것이요 찾는 이는 찾아낼 것이요 두드리는 이에게는 열릴 것이니라 너희 중에 누가 아들이 떡을 달라 하는데 돌을 주며 생선을 달라 하는데 뱀을 줄 사람이 있겠느냐 너희가 악한 자라도 좋은 것으로 자식에게 줄 줄 알거든 하물며 하늘에 계신 너희 아버지께서 구하는 자에게 좋은 것으로 주시지 않겠느냐"(마 7:8~11).

워너메이커는 사업이 번창하자 주변 건물들을 잇달아 사들여 백화점 규모를 늘렸고, 1896년에는 마침내 뉴욕에 진출하기에 이른다. 그러면서 그는 사업이 번창하는 가운데 십일조 생활을 정확하게 해 교회 재정을 풍족하게 만들어 교회가 좋은 일을 많이 하도록 일조했다.

비즈니스의 개척자

당시에는 언론매체나 전단을 이용해 광고하는 일이 거의 없었다. 그러나 워너메이커는 광고의 중요성을 알고 사업 초기부터

십일조로 복 받은 세계 부자들

독특한 아이디어와 광고로 사업을 확장해 나갔다. 그는 아주 기발한 방식으로 포스터 광고, 전단 광고, 옥외 애드벌룬 광고 등을 했다. 그의 광고 아이디어는 무궁무진했다. 신문에 광고하고 상품 광고가 실린 전단을 배포하고 칼럼, 삽화 등을 실은 4쪽짜리 월간지를 만들어 무료로 나누어 주고, 고정 고객들에게는 우편으로 월간지를 발송해 주었다. 한편 직원들은 마차를 타고 동네를 다니며 광고 전단을 나눠주면서 갖가지 이벤트를 하기도 했다.

어느 정도 기간이 지나면 하늘에 띄어 놓은 애드벌룬을 날려 버렸다. 그리고 애드벌룬을 찾아오는 사람에게 신사복 한 벌을 공짜로 주기도 했다. 이 이벤트가 사람들의 관심을 불러일으켜 큰 성공으로 이어졌다. 또 높이가 30미터나 되는 대형 입간판을 세우고 기차역과 도시 주요 장소에 대형 간판을 달기도 했다. 오늘날의 백화점 영업과 광고의 기본적인 틀을 그가 만든 것이다. 한마디로 말해 그는 광고의 힘을 아는 사람이었다. 하지만 맹목적으로 광고를 신봉하진 않았다. 그는 20세기 초 광고에 대해 다음과 같은 유명한 말을 하기도 했다.

"내가 한 광고 가운데 반이 쓸모없는 낭비였습니다. 그러나 그 반이 어떤 것인지는 모르겠습니다. 만약 내가 효과 없는 광고가 무엇인지 안다면 그것들을 없애 버릴 것입니다."

1896년, 워너메이커는 필라델피아에 17층짜리 '존 워너메이커 백화점'을 세우면서 새로운 시대를 열었다. 그는 '고객에 대한 봉사와 친절'을 신조로 삼고 '백화점은 대중을 위한 고급 상점'이라는 이미지를 확고히 했다. 그리고 '백화점 왕'이란 명칭을 얻게 되었다.

소비자들의 반응은 폭발적이었다. 이에 힘입은 워너메이커는 1906년엔 16층짜리 건물을 또 하나 지어 본 건물과 연결했다. 이로써 매장 공간만 5만 4,000평, 직원은 1만 3,000명에 달하는 세계 최대의 백화점이 태어나게 되었다. 1,500명이 앉을 수 있는 강당과 세계 최대의 파이프 오르간을 설치한 존 워너메이커 백화점은 문화적인 명소가 되었다. 백화점 창립 50주년 기념행사에는 미국의 27대 대통령 윌리엄 하워드 태프트가 참석해 세계 최대의 백화점이 탄생한 것을 축하하며 다음과 같이 말했다.

"백화점을 창시한 워너메이커 회장은 그 누구도 생각하지 못했던 비즈니스 원칙을 세워 고객을 왕으로 섬겼습니다. 그는 이제 수많은 고객의 사랑을 받아 백화점 왕으로 우뚝 서게 되었습니다."

워너메이커가 살아 있을 때 필라델피아와 뉴욕의 백화점은 25만 명 이상에게 일자리를 제공하면서 비즈니스 사상 최고의 매출을 올리기도 했다. 당시 워너메이커는 자신을 '백화점의 창시자', '백화점 왕'으로 부르지 말고 '비즈니스의 개척자'라고 불러 달라고 요청하기도 했다.

워너메이커가 사람들에게 존경받는 진짜 이유는 그가 백화점 왕이라서가 아니다. 진심으로 자신의 직원을 가족처럼 소중히 여겼기 때문이었다. 그는 자신의 성공과 부를 직원들도 함께 누리기를 바랐다. 그는 직원들을 평등하게 대하면서 능력 있는 사람에게는 그만한 대우를 해 주었다. 그는 사업 초기부터 직원에게 업계 최고의 연봉을 주었다. 입사한 사람들은 높은 급료와 가족적인 분위기에 매료돼 최선을 다해 일했고 대부분 은퇴할 때까지 일했다. 장관보다 더 많은 월급을 받는 직원도 있었다.

워너메이커 백화점은 6개월 이상 근무한 직원에게 유급휴가를 주었고, 토요일 오전 근무제, 여름 토요 휴무제와 2주간의 유급 휴가제, 의료보험제 등을 시행했다. 또한, 교육의 기회를 제공하고 스포츠센터와 의무실, 식당 등의 부대시설을 두었다. 워너메이커 백화점 직원들은 이미 100년 전에 오늘날 우리가 누리고 있는 복지 혜택을 누리고 있었다. 그런 까닭에 존 워너메이커 백화점에는 직원들의 파업이나 노사분규가 없었다. 당시 열악한 노동 환경과 저임금에 시달리던 많은 근로자에게 존 워너메이커 백화점 직원은 선망의 대상이기도 했다.

백화점 50주년 기념식은 사뭇 감동적이다. 1만 3,000명의 직원은 기념일을 맞이해 깜짝 이벤트를 준비했다. 전 직원이 정성을 모아 회장에게 감사의 선물을 건네는 행사였다. 봉투를 열어본 워너메이커는 뜻밖의 선물을 보고 목이 메었다. 그것은 그가 태어난 고향의 땅문서였다. 그는 감격의 눈물을 흘리며 이렇게 말했다.

"여러분이 내 가족이라는 것이 정말 기쁘고 자랑스럽습니다. 여러분 한 사람 한 사람을 믿고 사랑합니다. 각자의 가정에서 소중하고 귀한 존재인 여러분이 이곳에서도 똑같이 소중한 가족으로 열심히 일하고 있다는 사실을 알기에 나는 여러분을 믿고 더욱 사랑할 수밖에 없습니다."

그는 직원들의 정성에 대한 보답으로 선물 받은 고향 땅에 직원과 가족, 저소득층을 위한 병원을 세우겠다고 약속했다. 그리고 은퇴한 직원들을 위한 복지시설을 만들도록 30만 평의 땅을 내놓았다. 그는 진실로 믿음으로 승리한 위대한 신앙인이자 기업인이었다.

워너메이커는 무엇보다도 '최초'의 사람이었다. 비상한 아이디어로 '최초의 일'을 만들어내는 제조기라고 할까? 그가 한 최초의 일들을 살펴보자.

상점에 전기와 전화 설치
어린이를 위한 이벤트 시행
신문 전면 광고 시행
백화점 안에 엘리베이터 설치
여직원을 위한 숙식 제공 호텔 설립
직원 도서관 건립
직원에게 2주간 유급 휴가 시행
백화점에서 미술전시회 개최
상품의 규격 게시
고객을 위한 24시간 전화 서비스 시행
백화점 내 상업대학 설립
고객에게 소포 무료 배달 시행
직원 스포츠센터 설치
프로골프협회 PGA 창설

직원을 위한 종합 복지시설 설립

우체국 예금제도 시행

우표 없이 우편물을 보낼 수 있는 제도 시행

기념우표 시리즈 발행

그의 창조적 아이디어는 이처럼 수많은 '최초의 일'을 만들어 냈다. 그중 몇 가지는 백화점 영업과 우체국 업무의 바이블이자 고전으로 자리 잡았다. 백화점 내의 라디오 송신소를 통해 타이태닉호의 참사를 처음 알린 사람도 그였다.

"하나님의 나라는 먹는 것과 마시는 것이 아니요 오직 성령 안에서 의와 평강과 희락이라 이로써 그리스도를 섬기는 자는 하나님께 기쁘시게 하며 사람에게도 칭찬을 받느니라"(롬 14:17~18).

03

사업가에서
체신부 장관으로

물에 녹지 않는 비누는 좋은 비누가 아니다. 비누는 물에 녹아 없어
지면서 때를 씻어준다. 사회를 위하여 자신을 희생하려는 마음이 없
고 몸만 사리는 사람은 녹지 않는 비누와 같다.

조건부로 수락한 장관직

1889년, 제23대 미국 대통령에 당선된 벤저민 해리슨은 내각을
조각하면서 워너메이커를 체신부 장관으로 지목했다. 워너메이
커의 탁월한 경영 능력과 무궁무진한 아이디어, 과감한 개혁 정
신을 높이 사서 체신부 행정의 적임자라고 판단한 것이다.

　해리슨 대통령은 워너메이커에게 체신부 장관을 맡아서 탁월
한 경영 능력을 발휘해 주면 좋겠다고 제안했다. 워너메이커는
이렇게 대답했다.

"저는 주일 성수와 주일학교 교사로 봉사하는 일이 무엇보다 소중합니다. 그런데 장관직을 수행하면 그 일을 할 수 없을 것 같아 사양하겠습니다. 하지만 어떤 일이 있어도 주일만은 제 고향 교회로 내려와 주일학교 일을 계속 도울 수 있다면 장관직을 맡겠습니다."

해리슨 대통령은 아무리 국정에 바쁜 일이 있더라도 주일 성수와 주일학교 교사 일을 계속할 수 있도록 해주겠다고 약속했고, 워너메이커는 그제야 체신부 장관직을 수락했다. 그 후 워너메이커는 매주 토요일이면 기차를 타고 워싱턴에서 고향인 필라델피아로 내려가 주일 성수를 하고 주일학교에서 아이들을 가르쳤다.

한번은 기자들이 그에게 물었다.

"장관직이 주일학교 교사직만도 못하다고 생각하시는 겁니까?"

그는 망설이지 않고 이렇게 대답했다.

"장관직은 몇 년 하다 말 일이니 부업이라고 할 수 있지만 주일학교 교사직은 평생 해야 할 본업입니다."

워너메이커는 기업 회장과 체신부 장관을 겸했을 때도 4,000명이나 되는 주일학교 학생들을 돌보는 일에 소홀하지 않았다. 그는 체신부 장관으로 있던 4년 동안 한 주도 빠지지 않고 베다니교회에 출석했다.

이 이야기는 바른 신앙인의 자세를 보여 주는 워너메이커의 대표적인 사례다. 자신의 명예와 사회적인 성공보다 하나님 앞에 성실한 종으로 먼저 서고자 했던 워너메이커의 참모습이 나타나는 부분이다. 그에게 있어 가장 중요한 일은 주일학교에서 아이들을 가르치는 것이었다. 워너메이커는 열아홉 살부터 생을 마감하는 여든다섯 살까지 무려 67년이라는 세월을 한 주도 빠지지 않고 자신이 말한 본업, 즉 주일학교 교사 일을 충성스럽게 했다.

우체국을 혁신하다

워너메이커가 체신부 장관에 임명되자 많은 사람이 그를 비판하고 나섰다. 어떻게 일개 백화점 사장을 연방정부의 장관으로 임명할 수 있냐는 이유였다. 그들은 워너메이커의 짧은 학벌을 들먹이며 장관직을 수행할 능력이 없는 사람이 돈으로 장관 자리를 샀다는 둥 악성 루머를 퍼트렸다. 이에 신이 난 언론은 그의 자본 축적 과정을 추적하기 시작했다. 언론의 초점은 부정직한 비즈니스, 세금 포탈, 불공정 거래 등 부정과 비리를 캐는 데 모아졌다. 하지만 그의 기업체와 사생활을 샅샅이 뒤지고 조사해도 혐의는 전혀 찾을 수 없었다. 오히려 그의 성실성과 정직함만 확인했다.

워너메이커는 체신부 장관 직무를 시작하자마자 백화점을 경영할 때 보여준 경영 철학을 그대로 보여 주었다. '고객은 왕'이라는 신념을 체신정책에 도입하고 구체화하여 실천에 옮기고 아이디어맨의 기질도 유감없이 발휘했다.

그는 우선 시골 지역에 무료로 우편물을 배달하도록 했다. 그 무렵 시골에 사는 사람들은 우편물을 받으려고 일부러 시내까지 나와야 했다. 우편의 공공 서비스를 강조한 워너메이커는 정부 관리와 의원들을 설득해 전국 어디에나 우편물을 받을 수 있도록 했다.

또한, 워너메이커는 소포 우편을 우체국 업무에 포함해 성공적으로 정착시켰다. 그 당시에는 소포를 보내려면 개인 집배 회사를 통해야 했는데 턱없이 비싼 가격에 불만이 많았다. 그러나 전국 우편망을 통해 소포를 배달하면서 저렴하고 신속하게 배달하게 되었다.

워너메이커는 또 하나의 혁신을 단행했다. 바로 우편복권제도의 폐지다. 그는 정부가 오랫동안 합법적으로 자금을 조달하는 방법으로 채택하던 이 제도의 폐해를 지적하며 강력한 의지로 다음과 같이 주장했다.

"복권은 게으름과 사행심을 조장하고 사람을 타락하게 만드는 악의 근원입니다. 근검절약과 노동을 신성시해야 할 정부가 도박과 다를 게 없는 복권 판매로 부당한 이득을 계속 챙긴다면 개인과 사회는 병들고 국가는 도덕적으로 파멸의 길을 걸을 수밖에 없습니다."

워너메이커는 지각 있는 의원들과 기독교인의 후원을 받아 우편복권제도를 폐지하는 데 성공했다.

체신장관을 지내는 4년 동안 워너메이커는 많은 일을 했다. 그는 우체국예금제도를 처음 마련했고, 기념우표 시리즈를 발행해 우표를 수집하는 문화를 조성했다. 그 밖에도 5,151개의 우편노선 신설, 우체국 8,984개 증설, 집에서 우편물을 보내는 서비스 개발, 우편박물관 개관, 기차 안 우편물 분류 서비스 시행 등 많은 혁신사업을 벌였다. 현재 전 세계 여러 나라에서 시행되는 우체국 제도와 운영 체제는 상당 부분 그가 만들어놓은 것을 기초로 했다.

워너메이커는 직원들도 참신한 아이디어와 업무 개선 방안을 낼 수 있는 제도를 만들었고 직원들과 꾸준히 대화해 나갔다. 그러던 어느 날 한 직원이 아이디어를 내놓았다. 지정된 곳에서만 수거하던 우편물을 각 가정에서 수거할 수 있도록 하자는 것이었다. 각 가정에 개인 우편함을 만들어 그 안에 편지를 넣고 편지가 들어 있다는 깃발을 세워두면 우체부가 꺼내 갈 수 있도록 하자는 방안이었다. 워너메이커는 직원의 이야기를 듣고 무릎을 쳤다. 그리고 당장 그 제도를 전국적으로 시행하도록 조치를 했다. 그 결과 먼 곳에 있는 우체통까지 가지 않고도 우편물을 보낼 수 있게 되어 우편물 발송량이 많아져 체신부 수입도 획기적으로 늘었다.

워너메이커의 생활신조

워너메이커는 장관직을 수행하면서도 자신의 생활태도를 바꾸지 않았다. 그는 항상 "모든 지킬 만한 것 중에 더욱 네 마음을 지키라 생명의 근원이 이에서 남이니라"라는 잠언 4장 23절의 말씀대로 살려고 했다. 그런 워너메이커에게는 평생 지킨 세 가지 생활신조가 있다. 첫째, 생각하라. 둘째, 실천하라. 셋째, 하나님을 의지하라. 그는 무슨 일을 하기에 앞서 먼저 깊이 생각

십일조로 복 받은 세계 부자들

하고 무슨 일이든지 그것이 옳다고 판단하면 바로 실천했다. 또한, 아무리 노력해도 하나님의 도우심이 없다면 소용이 없다는 것을 알았다.

워너메이커가 장관으로서 중국으로 시찰 갔을 때 일이다. 그는 어느 시골길을 걷다가 밭을 갈고 있는 농부를 보았다. 그런데 쟁기 왼쪽은 소가, 오른쪽은 청년이 끌고 있었다. 그는 이 광경을 보고 물었다.

"왜 사람이 소와 함께 밭을 갑니까? 그 청년이 어떻게 견디겠소? 당신은 인정도 없습니까? 어떻게 사람에게 그런 일을 시킬 수 있소?"

그러자 농부가 대답했다.

"저 청년은 내 아들입니다. 내 아들은 신앙이 두터운 주일학교 교사입니다. 그런데 작년에 저기 보이는 예배당을 건축할 때 우리가 키우던 소 두 마리 중에 한 마리를 팔아서 건축헌금으로 냈습니다. 그러면서 자신이 소 대신 밭을 갈기로 약속했습니다. 그래서 밭을 갈고 있는 것이지요."

청년은 마치 십자가를 메고 골고다를 향해 걸어가시는 주님의 뒤를 따르듯 것 같았다. 그 모습에 워너메이커는 큰 감동을 받고 청년을 미국으로 데리고 가 신학 공부를 시켰다. 이 청년이 바로 중국에 복음을 전파하는 데 크게 기여한 성문삼 목사이다.

이처럼 워너메이커는 시간, 노력, 돈, 생활 등 자신의 힘이 닿는 모든 것을 제물로 드린 참된 그리스도인이었다.

"너희가 그 은혜를 인하여 믿음으로 말미암아 구원을 얻었나니 이것이 너희에게서 난 것이 아니요 하나님의 선물이라 행위에서 난 것이 아니니 이는 누구든지 자랑치 못하게 함이라"(엡 2:8~9).

04

신실한 마음으로
섬기는 기도

목적 없이 사는 것은 위험하다. 또 목적이 있더라도 그 목적이 낮다면 역시 위태롭다. 목적이 희미하거나 있어도 낮은 것은 죄악에 가깝기 때문이다.

주일학교 교사가 본업인 사람

체신부 장관 임기를 마친 워너메이커는 본업인 주일학교 교사의 자리로 돌아왔다. 어린 영혼을 소중하게 여긴 그는 한 국가의 체신부 장관으로, 대기업 회장으로 일하면서도 수천 명이나 되는 주일학교 아이들의 이름을 외웠고 그들의 가족까지 세심하게 돌봤다. 아무리 사업이 바빠도 주일 아침 9시 30분부터 밤 9시 30분까지 12시간 이상을 교회에서 봉사했다.

스물한 살에 베다니 주일학교를 설립한 그는 세상을 떠나기 직전까지 주일학교를 섬겼다. 1858년 27명으로 시작한 주일학교 어린이 수는 1892년에는 3,000명을 넘고, 그가 하늘나라로 가기 전까지 형제교회를 포함해 1만 명을 넘었다. 그는 숨을 거두는 날까지 어려운 가정을 심방하고 위로하며 그들을 돕는 평신도 사역을 멈추지 않았다. 그에게 있어서 심방은 의무가 아니라 즐거움이었다.

1858년 월세 5달러로 시작한 베다니 교회는 1874년에 5,000명을 수용하는 자체 건물을 지었다. 1902년에는 워너메이커가 기증한 땅에 세계적 규모의 교회를 지었다. 워너메이커는 교회를 세우는 데 재정적인 후원을 아끼지 않았다. 이런 일을 어떻게 감당할 수 있느냐는 기자의 질문에 그는 다음과 같이 대답했다.

"저에게는 주일학교가 가장 중요한 비즈니스입니다. 다른 비즈니스는 주일학교에 비하면 그저 하나의 일에 불과합니다. 45년 전에 저는 하나님의 약속을 확실히 믿었습니다. 마태복음 6장 33절 '먼저 그 나라와 그의 의를 구하라 그리하면 이 모든 것을 너희에게 더하시리라'라는 말씀이 헌신의 비밀입니다."

주일학교에 대한 그의 믿음은 확고했다. 마치 율법과도 같았다. 그에게 주일학교에서 아이들을 가르치는 일은 대통령과의 약속보다 더 소중한 하나님과의 약속이었다. 워너메이커가 성경을 읽고, 공부하고, 성경대로 실천하는 삶을 살면서 갖게 된 인생관과 가치관은 바로 주일학교에서 비롯되었다. 주일학교에서 배운 성경 말씀은 그의 삶에 지침이 되어주었다.

"저는 성경에서 구세주이신 예수님을 만났으며, 주님 안에서 제 인생의 변화를 경험하게 되었습니다. 저는 연약하고 보잘것없지만, 저의 힘과 능력이 되신 하나님을 신뢰하고 그분과 동행했을 때 모든 두려움은 사라졌고 무엇이든 할 수 있는 용기와 확신을 얻게 되었습니다. 성경을 읽을 때마다 하나님은 새로운 아이디어와 비전을 주셨습니다. 그런 하나님을 찬양합니다."

워너메이커의 성공 비결은 부지런함, 긍정적인 마음가짐, 탁월한 사업 아이디어, 직원과 고객을 정직과 친절함으로 대하는 경영 방식이다. 하지만 그를 성공으로 이끈 빛나는 사업 아이디어와 지혜는 67년간 주일학교 교사로 하나님의 일에 봉사하고 헌신했던 그에게 하나님이 부어주신 은혜와 축복이었다.

하나님이 높여주신 사람

워너메이커가 YMCA와 인연을 맺은 것은 옷가게 점원으로 일하던 열아홉 살 때부터였다. 그 후 청년 부흥운동을 주도했던 그는 YMCA 대표로 활동하며 300개 이상의 종교 모임을 만들었다. 워너메이커는 65년이라는 세월 동안 아무런 동요 없이 YMCA를 지켰다. 그에게 있어 우선순위는 하나님과 하나님의 나라였다. 이것은 '주일은 주님의 날'로 분명하게 지켜야 한다는 그의 삶의 원칙과 긴밀하게 연결되어 있다.

> "내가 주일에 하나님을 만나는 것은 이미 오래전부터 지켜 온 하나님과의 약속입니다. 하나님과의 약속을 소홀히 하면서 어떻게 국민과 대통령과의 약속을 지킬 수 있겠습니까?"

그는 백화점 게시판에 다음의 글을 항상 붙여놓았다.

〈전 사원에게 알림〉

1. 주일에는 아무리 바쁜 일이 있어도 절대 출근하지 마세요.
2. 주일에는 하나님을 예배하고 성경을 배우세요.
3. 교회에 적어도 1년에 5달러 이상은 헌금하세요.
4. 주일에 댄스홀이나 유흥업소에 가려면 회사에 그 이유서를

제출하세요.

어떻게 보면 고리타분해 보인다. 그러나 워너메이커는 사업 초기부터 주일에는 모든 점포의 문을 닫았다. 예수를 알지 못하는 사람들로서는 도무지 이해할 수 없는 일이었지만 그에게는 당연한 일이고 기쁨이었다. 그는 절대적인 믿음을 지키기 위해 세상과 타협하지 않았다.

워너메이커는 비록 평신도였지만 그리스도인 기업가로 그리스도의 향기를 누구와도 비교할 수 없을 만큼 충분히 드러냈다. 워너메이커는 나이가 들어도 더욱 정력적으로 활동했다. 그의 종교적 헌신은 세계로 확장되었다. 80대 나이에도 백화점 일과 주일학교 봉사를 계속하면서 세계 주일학교연합회 총재를 맡았다. 세계 주일학교연합회 총재로 선출된 후 워너메이커는 세계 주일학교대회에서 다음과 같은 메시지를 전했다.

"여러분들도 알다시피 저는 공교육을 거의 받지 못했습니다. 그러나 주일학교에서 평생 성경을 공부했습니다. 그 시간이 제 인생에서 가장 즐거웠습니다. 저는 다른 데서는 얻을 수 없는 지식을 성경을 통해 얻었습니다. 또한, 성경으로 확고한 삶의 원칙과 기초를 세웠고, 성경의 바탕 위에 저의 인격과 사업을 건설하려 노력했습니다. 제가 받은 주일학교 교육이 너무나 귀해 이 사역을 위해 제 인생 전부를 투자했습니다."

워너메이커는 사업 60주년을 기념하는 행사장에서 낡은 성경을 꺼내 많은 사람에게 보여 주며 이렇게 고백했다.

"저는 출생일인 1838년 7월 11일부터 오늘까지 무려 3만 26일을 살아왔습니다. 저는 그동안 투자한 것마다 많은 이윤을 남겼습니다. 그러나 바로 이 낡은 성경을 산 것이 제가 한 가장 위대한 투자였습니다. 이 성경이 지금의 나를 만들었기 때문입니다."

그의 말 그대로 워너메이커는 성경이 만든 사람이다. 그의 승리는 말씀의 승리였고, 그의 형통은 말씀의 형통이었다. 마지막 순간까지 교회에 헌신하던 그는, 모스크바에 YMCA회관이 건립된 1922년 12월 12일 여든다섯 살을 일기로 평온하게 하나님의 부르심을 받았다. 그의 장례식 날에 모든 공립학교와 상점이 문을 닫았다. 장례를 치르는 동안 회사, 공장, 영화관도 문을 닫았다. 1만 5,000명이 넘는 조문객이 베다니 교회로 몰려들었다. 이듬해에는 시민들이 자발적으로 성금을 모아 필라델피아 시청에 워너메이커의 동상을 세웠다. 동상 건립식에 40만 명이 참석해 그를 추모했다. 그는 세상 모든 사람에게 영원히 잊지 못할 말을 남겼다.

> "하나님 안에서 생각하고, 하나님 안에서 노력하고, 하나님 안에서 땀 흘리고, 하나님을 신뢰하는 것이 내 인생의 표어이고 내 인생의 전부였습니다."

> "또 너희가 열심으로 선을 행하면 누가 너희를 해하리요 그러나 의를 위하여 고난을 받으면 복 있는 자니 그들이 두려워하는 것을 두려워하지 말며 근심하지 말고"(벧전 3:13~14).

허쉬는 초콜릿을 대중화하는 데 큰 공을 세운 인물이다. 그러나 허쉬는 초콜릿 제국을 만드는 데서 멈추지 않았다. 그는 초콜릿 제조업자에서 그치지 않고 초콜릿으로 번 돈을 사회에 환원한 자선사업가였다. 그는 사업가로서 사원복지를 넘어서서 사회복지라는 혁신적인 제도를 창안해 실천했고 허쉬 호텔, 허쉬 극장, 허쉬 경기장까지 갖춘 도시를 만들었다. 허쉬 파크는 근로자들의 삶의 질을 높이는 국제적인 모델이 되었다. 허쉬는 온전한 십일조와 건축 헌금을 드리면서 약속된 말씀대로 많은 복을 받았다.

Part 3

초콜릿을 대중화한 자선사업가

밀턴 스네이블리 허쉬

Milton Snavely Hershey

1857~1945

나는 성공의 열쇠를 쥐고 있다고 자신했다. 두 번이나 실패했지만,
아브라함을 자주 머릿속에 떠올렸다. 아브라함은 군사라고도 할 수 없는
318명을 데리고 1만 명의 적을 물리치지 않았는가!

밀턴 스네이블리 허쉬

초콜릿의 대명사, 허쉬 초콜릿

초콜릿 제국을 만든 밀턴 스네이블리 허쉬는 초콜릿 업계의 헨리 포드라고 불린다. 그는 자동차 왕 헨리 포드와 동시대를 살았고, 포드가 자동차 업계에서 대량생산 방식을 도입한 것처럼 그 역시 초콜릿 제조에 대량생산 방식을 도입해 누구나 초콜릿을 즐길 수 있도록 했다.

멕시코 아즈텍 족은 수천 년 전부터 초콜릿 나무 열매인 카카오를 물에 타서 마셨다. 초콜릿이 유럽으로 건너간 것은 콜럼버스가 신대륙을 발견한 이후다. 초콜릿은 유럽으로 건너가자마자 '신들의 음식(the food of the gods)'이라 불리며 귀족이나 성직

자 등 최상의 맛을 즐기던 특권층을 위한 음료가 되었다. 초콜 릿에 거창한 이름이 붙여진 이유는 초콜릿에 함유된 카페인 덕 분이다. 유럽인은 초콜릿이 피로회복제, 최음제 구실을 한다고 믿었다. 담배, 커피와 함께 신대륙에서 유럽으로 건너온 초콜릿 은 중독성이 있어서 유럽의 식생활과 문화를 완전히 바꾸어 놓 았다.

초콜릿을 대중화시키는데 가장 큰 공을 세운 인물이 허쉬다. 그는 미래 시장을 내다보는 탁월한 안목과 제조 기술, 그리고 신념을 갖고 초콜릿의 본격적인 대량생산 기술을 완성했다. 그 리고 세계에서 가장 큰 초콜릿 제조 공장을 지어서 초콜릿을 누 구나 즐겨 먹을 수 있도록 했다.

그러나 허쉬는 초콜릿 제국을 만드는 데서 머무르지 않았다. 그는 초콜릿 제조업자에서 그치지 않고 초콜릿으로 번 돈을 사 회에 환원했다. 자신이 운영하는 공장 주변에 근로자를 위한 집 을 지어 주었다. 잔디까지 깔린 멋진 집이었다. 주민들이 편리 하게 이용할 수 있도록 대중교통 체계를 만들고 여가와 문화 활 동을 할 수 있는 주거 단지를 만들었다. 이 허쉬 파크는 학교, 도서관, 놀이기구, 수영장, 남녀 직원을 위한 클럽, 교회, 병원 등의 시설을 갖추었다. 트롤리카(trolley car)와 기차까지 운행했 다. 또한, 허쉬는 회사 주변 마을에 무료로 전기를 공급하고,

마을 사람들이 학교는 물론 인근 시설을 무료로 이용할 수 있도록 배려했다. 공장을 중심으로 형성된 허쉬 파크는 디즈니랜드처럼 초콜릿을 테마로 하는 놀이공원까지 있다. 인구 1만 2천여 명이 사는 허쉬 파크에는 마을 중심부를 관통하는 초콜릿 거리와 코코아 거리가 있다. 이 두 거리를 가로지르는 작은 도로들은 카카오 원두를 실어 나르던 항구인 카라카스, 그라나다, 아루바, 트리니다드, 자바, 파라, 실론 등으로 이름 붙였다.

허쉬는 대공황 시기에 실직한 근로자들에게 일자리를 주기 위해 야심 찬 건설 프로그램을 실행했다. 그는 사업가로서 사원복지를 넘어 사회복지라는 혁신적인 제도를 창안하고 실천했다. 허쉬 호텔, 허쉬 극장, 허쉬 경기장까지 건설한 그의 도시는 근로자들 '삶의 질'을 높이는 국제적인 모델이 되었다. 1907년 4월 24일 오픈한 허쉬 파크는 100여 년이 지난 오늘날까지도 많은 사람의 발길이 끊이지 않는 명소가 되었다.

"내가 궁핍하므로 말하는 것이 아니니라 어떠한 형편에든지 나는 자족하기를 배웠노니 나는 비천에 처할 줄도 알고 풍부에 처할 줄도 알아 모든 일 곧 배부름과 배고픔과 풍부와 궁핍에도 처할 줄 아는 일체의 비결을 배웠노라"(빌 4:11~12).

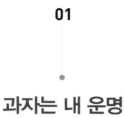

과자는 내 운명

사업에 실패했을 때 더 보람 있는 일이 기다리고 있을 것이라고 나는 믿었다. 나는 어깨를 두드려주는 하나님의 손길을 느꼈다.

가난한 어린 시절

밀턴 스네이블리 허쉬는 1857년 9월 13일 미국 펜실베이니아 더핀 카운티에서 가난한 농부의 아들로 태어났다. 그는 아버지 헨리 허쉬와 어머니 베로니카 패니 허쉬 사이에 태어난 아이 중에서 유일하게 살아남았다. 1862년에 여동생이 태어났지만 채 다섯 살이 되기 전에 죽고 말았다.

가족은 단출했지만, 밀턴은 극심한 가난에서 벗어나 본 적이 없을 정도로 불우한 어린 시절을 보내야 했다. 아버지는 키 크고 잘생긴 남자로 착한 사람이었다. 신앙심이 없는 것도 아니었고 엉뚱하고 비현실적인 사고를 하는 사람이었다. 노력보다는 투기를 좋아하고 곧잘 도박과 유흥에 빠져 지냈다. 그 바람에 그의 가족은 가난하고 불안정한 생활을 해야 했다.

1866년, 밀턴이 아홉 살이 되었을 때, 아버지는 삼촌 아브라함이 운영하는 송어 낚시터가 있는 작은 농장을 인수해서 의욕적으로 사업을 벌였다. 밀턴은 나이에 비해 덩치도 크고 힘도 센 편이어서 매일 아침 일찍 일어나 농장 일을 도왔다. 토요일에는 평소보다 일찍 일어나 달걀, 버터, 치즈, 채소 등 농장에서 나온 물건을 마차에 실어 시장에 내다 팔았다. 그러나 아버지는 사업적인 두뇌와 끈질긴 근성이 없고 철부지처럼 노는 것을 좋아해서 이 농장마저 실패했다. 밀턴이 초등학교 4학년 때 일이다.

어머니는 신앙심이 깊고 검소했지만, 남편에게 강한 실망과 좌절감에 빠지면서 말수가 줄어들었다. 아버지가 파산하자 어머니는 밀턴에게 더는 농장에서 살 수도 없고 학교에 보낼 수가 없다고 말했다. 결국, 밀턴은 초등학교를 그만두고 돈벌이에 나서야 했다. 하지만 밀턴은 자유사상에 젖어 있던 아버지의 교육열 덕분에 이미 많은 책을 읽어서 웬만한 어른 못지않은 지식이 있었다. 아버지는 농장 일을 하는 틈틈이 셰익스피어의 연극과 문학 이야기를 해주었고 지리, 원예, 천문학, 과학에 관한 책을 구해 아들이 읽을 수 있도록 했다. 그 덕분에 밀턴은 '에른스트 사무엘 인쇄소'의 수습생이 되었다. 그 인쇄소 사장이 아버지와 잘 아는 사이였다. 그러나 밀턴은 인쇄소 일에는 별 흥미를 느끼지 못했다. 그 인쇄소에서는 펜실베이니아 주에 사는 독일 이민자들의 영자 신문을 찍는 일을 주로 했다. 인쇄소 일은 시간에 맞추어서 신문을 제작해야 했기에 까다롭고 고되었다. 열 살 소년이 감당하기에는 힘든 일이었다.

그러던 중 그는 실수를 저질렀다. 작업 도중 신문을 인쇄하는 데 필요한 작은 금속 부품을 잃어버린 것이었다. 그는 책임을 묻는 사장에게 해고되었고 그 후 여러 공장을 전전했다. 한편 아버지는 농장일이 실패로 돌아간 후 집을 떠나 필라델피아, 뉴욕, 시카고, 콜로라도 등을 돌아다니며 행운을 잡으려고 오랜 기간 방랑 생활을 했다.

과자점 점원이 되다

열다섯 살이 됐을 때, 밀턴은 랭커스터 킹 스트리트에 있는 조지프라는 사람이 운영하는 과자점에서 일하게 되었다. 밀턴은 인쇄소의 종이와 잉크 냄새보다 사탕과 과자 냄새가 좋았다. 그는 조지프의 가게에서 4년간 일하면서 사탕과 과자를 만드는 법을 배웠다. 그는 과자를 만드는 법을 배우면서 자신의 재능을 발견했다. 노력과 인내의 가치를 알게 되었고 어렴풋하게 자신이 무슨 일을 하며 살지 알게 되었다.

밀턴은 월급을 타면 고스란히 어머니에게 드렸다. 어머니는 경건한 펜실베이니아 메노나이트파(Mennonites, 기독교 개신교의 일파) 가정에서 자란 신앙심 깊은 여인이었다. 메노나이트파는 16세기 종교 개혁기에 등장한 개신교 종파다. 이 종파는 그리스도인은 평화를 위해서 일하도록 부름을 받았다며 폭력에 반대하는 비폭력주의를 주장한다. 메노나이트파 교인은 17세기부터 이교도로 간주되어 배척과 핍박을 받았다. 주로 스위스와 독일에서 살다가 1700년대부터 핍박을 피해서 신대륙으로 왔다. 밀턴의 선조도 그때 미국에 이민을 왔다. 그들은 근검한 생활을 하고, 오락을 위한 독서도 거부하고 성경만 볼 정도로 완고한 사람들이었다.

어머니는 아들을 마을 근처에 있는 교회에 데리고 다니며 엄격하게 아들에게 신앙생활을 가르쳤다. 어머니는 가난 속에서도 아들이 착실하게 생활하는 것을 대견하게 여기며 아들이 잘되기를 항상 기도했다. 어머니의 영향을 받은 밀턴은 어릴 때부터 근면하고 성실했다. 그는 매우 낙천적이고 중용을 지킬 줄 아는 청년으로 자라났다.

밀턴은 사탕을 만드는 일이 세상에서 가장 즐거웠다. 당시에는 사탕을 만드는 특별한 제조 기계가 없었다. 그는 이것저것 직접 섞어 보고 맛도 보면서 제조 기술을 터득해 나갔다. 열성이 있는 밀턴은 금방 사탕의 제조 비법을 알게 되었다. 한편 과자점 주인인 조지프는 착한 사람이어서 밀턴에게 자신이 알고 있는 제과 기술을 잘 가르쳐 주었다. 덕분에 밀턴은 사탕과 과자, 아이스크림을 만드는 기술을 모두 습득하게 되었다.

1876년, 열아홉 살이 된 밀턴은 제과에 대한 지식을 충분히 쌓았다고 생각하고 독립을 꿈꾸었다. 하지만 사업자금이 문제였다. 이 사실을 안 숙모 마사는 밀턴을 위해 큰돈을 내놓았다. 마사는 오빠인 밀턴의 아버지가 파산할 때에는 한 푼도 내놓지 않았다. 그러나 조카인 밀턴은 성공할 수 있다고 믿었다. 1876년 5월, 열아홉 살이 된 밀턴은 숙모의 도움을 받아 필라델피아에 자신의 과자점을 열고 첫 사업을 시작했다. 밀턴은 반드시 성공해서 숙모의 고마움에 반드시 보답해야 한다고 결심했다.

그에게는 숙모 마사와 이모 매티가 있었다. 두 여인은 어머니처럼 속 깊고 착실한 밀턴을 대견하게 여기고 밀턴을 후원했다. 훗날 두 여인은 어머니와 함께 밀턴이 사업에서 큰 성공을 거두는 데 큰 힘을 실어주었다.

실패도 하나님의 뜻

가게를 열자 어머니와 매티 이모가 가게 일을 거들며 돕고 나섰다. 마침 그 무렵은 필라델피아에서 개최된 박람회로 경기가 괜찮았다. 가게는 날로 번창했다. 여러 곳을 방랑하던 아버지가 나타나기 전까지 밀턴은 제법 단단하게 사업 기반을 닦고 있었다. 그런데 몽상가에다 투기를 좋아하는 아버지가 집으로 돌아오면서 일이 벌어졌다. 아버지는 밀턴에게 사업을 좀 더 키워보라고 부추겼다. 이제 갓 스무 살이 넘은 혈기 넘치는 청년인 밀턴은 아버지의 말을 믿고 소매 가게를 도매업으로 변경하면서 사업을 확장했다.

어머니의 반대가 있었지만, 밀턴은 아버지의 말을 따랐다. 그러나 그것은 무리였다. 게다가 운도 따라주지 않았다. 사업을 확장하자마자 원료인 설탕 가격이 천정부지로 뛴 것이다. 사탕을 수작업으로 만들기 때문에 생산량은 많지 않았고 주문받은 것을 제때 공급하지 못했다. 온 가족이 일에 매달렸지만, 밀턴은 자금난에 시달리게 되었다. 흑자부도에 몰린 셈이다. 상품을 잘 만드는 것과 잘 파는 것, 그리고 자금 흐름을 원활하게 하는 것은 별개의 일이었다.

밀턴은 아버지의 말을 들은 것을 뼈저리게 후회했다. 또한, 계속되는 과로로 건강마저 나빠지자 더는 버티지 못했다. 결국, 밀턴의 첫 사업은 6년 만에 끝나고 말았다. 1882년의 일이다.

철부지 아버지 덕분에 과자점은 망했지만, 아들은 아버지를 원망하지 않았다. 밀턴은 자신의 앞날에 보람 있는 큰일이 기다리고 있다고 믿고 하나님께 모든 것을 맡겼다. 하나님을 의지하며 그분께 기도하며 고향 마을로 가서 요양하며 지냈다.

밀턴은 고향에서 요양하며 지난날을 되돌아보았다. 무엇보다 십일조를 제대로 하지 않은 것에 후회를 많이 했다. 그는 어릴 때부터 십일조 생활을 해 왔으나 사업을 하면서부터 '이 돈을 어떻게 벌었는데……' 하며 아깝다는 생각에 십일조를 드리지 않았다. 또 사업이 본궤도에 오르자 돈 버는 일에 빠져 교회 출석마저 제대로 하지 않았다. 밀턴은 '내 힘이 아닌 하나님의 힘으로 삶을 산다'는 사실을 비로소 깨닫고 참회의 기도를 올렸다. 그는 내 삶의 주권자, 내 인생의 주권자는 자신이 아니라 하나님이심을 깨닫고 눈물을 쏟았다.

다음 해 1883년 봄, 밀턴은 아버지를 따라 골드러시(Gold Rush)로 사람들이 북적이는 콜로라도로 갔다. 그는 그곳에서 캐러멜이 잘 팔리는 것을 보고 무릎을 쳤다. 설탕을 졸여서 파라핀을 혼합해 말아 넣은 캐러멜은 기존의 알사탕보다 맛이 부드럽고 고소해 인기가 있었다. 캐러멜은 앞으로도 잘 나갈 것 같았다.

밀턴은 캐러멜을 만드는 기술을 배우면서 신선한 우유를 넣으면 더욱 인기를 끌 것 같았다. 밀턴은 덴버, 시카고, 뉴욕, 뉴올리언스 등지를 돌아다니며 사업 구상을 키워나갔다. 그는 시카고에서 아버지와 함께 자신이 구상한 캐러멜을 만들어 팔기도 했다. 인기는 많았지만, 그에게는 사업을 재기할 만한 자금이 없었다.

밀턴은 뉴욕으로 가서 '헤일러'라는 가게에 취직했다. 낮에는 일하고 밤에는 하숙집 창고를 빌려 캐러멜을 만들어 팔았다. 그러나 생활비 정도를 버는 수준이었다.

'조금이라도 수입이 늘어난다면 내 가게를 차릴 텐데……'

그런 생각에 젖어 있을 때 삼촌 아브라함이 도움을 주어 작은 가게를 얻게 되었다. 캐러멜은 손이 많이 가는 작업이라서 일꾼이 필요했다. 밀턴은 아버지와 함께 가게를 시작했지만, 아버지는 도움이 되지 못했다. 아들은 시간에 쫓겨 가면서 부지런히 손을 움직여서 설탕과 과자 반죽을 개고, 오븐에서 케이크와 과자를 꺼내놓고 포장을 하느라 바쁜데 아버지는 손님을 상대하는 척하면서 빈둥거리거나 엉뚱한 일을 벌일 궁리만 했다.

다행히 밀턴이 열심히 일해서 사업은 나날이 번창했다. 언제나 주문이 밀리고 제품은 부족했다. 생산이 수요를 따르지 못할 정도였다. 그러나 아버지가 또 문제였다. 아버지가 시설 확장을 주장했다.

"애야, 이번에는 시설 확장이 무리가 아닐 거야. 주문은 밀리고 너 혼자서 일을 감당하기에 너무 힘들지 않니?"

밀턴은 아버지의 말이 일리가 있다고 생각했지만, 지난번 실패가 떠올라 고개를 가로저었다. 그런데 주문은 더 늘었다. 이렇게 주문이 밀려드는데 사업을 확장하지 않으면 돈 벌 기회를 놓치지는 않을까 조바심이 나기도 했다. 아들의 심경 변화를 읽은 아버지는 이렇게 말했다.

"지난번 같은 일은 일어나지 않을 거야. 그때는 너무 운이 없었어. 너, 이렇게 무리하다가 쓰러지면 어떡하니?"

성공에 고무되어 있던 밀턴은 더 큰 성공을 좇기로 했다. 만약 어머니가 가까이 있었다면 그런 결정을 내리지 않았을지도 모른다. 어머니는 이번 사업에 관여하지 않고 랭커스터에 머물고 있었다. 그러나 그 결정 역시 실패를 가져다주었다. 밀턴이 지난번과 같은 실수를 하지 않으려고 조심했지만 경영에 빨간불이 켜졌다. 사업을 확장하자마자 부근에 비슷한 점포가 두 개나 생기면서 매출은 떨어졌다. 현금 흐름에도 문제가 생겼다.

그는 다시 한 번 파산 위기에 몰렸다. 밀턴은 삼촌 아브라함에게 자금을 지원받았지만 은행 이자도 지급하지 못하는 상황까지 가게 되었다. 결국, 무일푼으로 손을 털고 가게를 넘겨야 했다.

"우린, 왜 이렇게 운이 없는 걸까?"

아버지는 탄식하고 또다시 무책임한 방랑자의 길을 떠났다. 그러나 밀턴은 아버지를 원망하지 않았다. 또한, 낙심하지도 좌절하지도 않았다. 그는 "이것이 곧 적게 심는 자는 적게 거두고 많이 심는 자는 많이 거둔다 하는 말이로다 각각 그 마음에 정한 대로 할 것이요 인색함으로나 억지로 하지 말지니 하나님은 즐겨 내는 자를 사랑하시느니라"라는 고린도후서 9장 6절에서 7절 말씀을 읊조리며 자신을 위로했다.

내 힘이 아닌 하나님의 힘으로

밀턴은 자신이 성공의 열쇠를 쥐고 있다고 확신했다. 그는 신선한 우유를 혼합해서 만든 캐러멜이라면 시장에서 좋은 반응을 얻을 것이라고 자신했다. 비록 그는 두 번이나 실패했지만 충실한 지지자인 어머니는 아들에게 격려와 용기를 북돋워 주셨다. 어머니의 지지는 그에게 큰 힘이 되었다.

밀턴은 그 무렵 구약성경에 나오는 아브라함을 자주 머릿속에 떠올렸다. 아브라함은 군사라고도 할 수 없는 318명을 데리고 1만 명의 그돌라오멜의 군사와 싸워 승리했다. 아브라함은 조카인 롯의 가족을 구출하고 의기양양해서 돌아올 때만 해도 전쟁에서 이기고 전리품을 얻은 것이 자기 능력이라고 알고 있었다. 그러다 살렘(예루살렘)의 왕이자 제사장인 멜기세덱을 만나고 나서 이렇게 고백한다.

"내가 잘나서 이긴 게 아니야. 내가 지혜가 많아서, 우리가 훌륭해서 승리한 것이 아니야. 하나님이 대적을 내게 붙이시고 우리를 도우셔서 이겼어."

밀턴은 멜기세덱을 통해서 깨달음을 얻고 십일조를 드린 아브라함의 심정을 이해하게 되었다. 그는 하나님이 십일조에 의존해 일하지 않는다는 것을 알았지만 그리스도인으로서 자진해서 십일조를 하는 것은 참된 기쁨을 준다는 사실을 깨달았다.

'관대하게 기부할 때 우리는 축복을 받는다. 우리는 내 힘이 아닌 여호와의 힘으로 산다. 십일조를 드릴 수도 있고 아닐 수도 있지만, 나는 십일조를 기쁘게 생각한다. 그리고 이 일을 여호와께서도 기뻐하신다고 확신한다.'

이렇게 마음을 정리한 밀턴은 다시 사업에 도전했다. 그리고 랭커스터에서 캐러멜을 비롯한 여러 과자를 만들어 팔았다. 그는 어머니의 부엌에서 어머니가 쓰던 청동 주전자에 재료를 넣어 캐러멜을 만들었다. 밀턴은 거리에 나가 자기가 만든 캐러멜을 팔면서 다시 사업을 시작하겠다는 결의를 다져나갔다.

> "너는 아침에 씨를 뿌리고 저녁에도 손을 놓지 말라 이것이 잘 될는지 저것이 잘 될는지 혹 둘이 다 잘 될는지 알지 못함이니라"(전 11:6).

모든 일을 긍정적으로 보는 밀턴은 어려운 일을 만나도 그 고난을 이기고 성공할 수 있다고 믿었다. 그는 더 높은 목표를 달성하기 위해 더 많이 노력해야 한다며 각오를 새롭게 했다.

> "범사에 여러분에게 모본을 보여준 바와 같이 수고하여 약한 사람들을 돕고 또 주 예수께서 친히 말씀하신 바 주는 것이 받는 것보다 복이 있다 하심을 기억하여야 할지니라"(행 20:35).

멈추지 않는
성공

> 인생은 초콜릿 상자에 있는 초콜릿과 같다. 어떤 초콜릿을 선택하느
> 냐에 따라 맛이 달라지듯 우리 인생도 선택에 따라 그 결과가 달라
> 진다. – 영화 〈포레스트 검프〉 중에서

랭커스터 캐러멜 회사

그 무렵부터 밀턴에게 운이 다가오고 있었다. 예전부터 알고 있
던 윌리엄 헨리 레브키커를 만나 자신이 구상하는 제품을 설명
할 기회를 얻게 되었다. 그의 반응은 아주 호의적이었다.

"신선한 우유를 혼합해서 캐러멜을 만든다고요? 그것참 좋은
아이디어군요. 잘 팔릴 것 같은데요."

"이미 시카고와 뉴욕에서 작게 시도해 보았는데 반응이 좋았

어요."

"좋습니다. 제가 투자하지요."

밀턴은 레브키커의 도움으로 사업을 다시 시작했다. 이 회사
가 1885년 펜실베이니아 랭커스터에 차린 '랭커스터 캐러멜 컴
퍼니'다. 그가 새롭게 개발한 밀크 캐러멜은 날개가 돋친 듯이
팔려 나갔다. 밀크 캐러멜은 말랑하고 부드러우면서, 씹으면 사
르르 녹고 단맛이 돌아서 누구나 좋아했다. 밀턴은 이제는 절대
로 실패하지 않겠다고 마음을 다잡고 재료 구매에서부터 제품
제조와 판매까지 직접 나섰다. 자금 흐름까지 꼼꼼히 점검하면
서 신경을 썼다. 또한, 어머니와 매티 이모에게서 도움을 받아
사업을 키워나갈 수 있었다.

랭커스터 회사의 캐러멜은 워낙 인기가 좋아 영국에서도 주
문이 왔다. 수출을 하려면 회사 규모를 키워야 했는데 자금이
문제였다. 신용도 없고 담보도 없는 소규모 공장을 운영하는 밀
턴에게 자금을 빌려줄 은행은 없었다. 아무것도 믿을 것이 없는
밀턴은 은행을 찾아가서 담당 직원을 끈질기게 설득했다.

"여기 영국 회사가 우리 회사 제품을 수입하겠다는 주문장이
있습니다. 이것을 담보로 해서라도 자금을 좀 빌려주십시오."

은행 대출 담당은 난색을 보였다. 하지만 그는 포기하지 않고
매일 은행을 찾아가 담당 직원을 설득했다. 그의 단념하지 않는

끈기에 지친 담당 직원은 손을 들었다.

"좋습니다. 당신의 신용이 아니라 내 신용으로 대출해 드릴 테니 반드시 성공하셔야 합니다. 그렇지 않으면 저는 옷을 벗어야 합니다."

은행원이 자신의 신용으로 대출해 주어 밀턴은 영국으로 무사히 캐러멜을 수출할 수 있었다. 수출이 호조를 보이자 회사에는 현금이 쌓였고 밀턴은 성공을 거두게 되었다. 그때부터 밀턴의 비즈니스는 성장을 멈추지 않았다.

랭커스터 캐러멜 컴퍼니는 수백 종류의 캐러멜을 생산해 전 세계에 팔았다. 그는 45만 제곱피트의 공장을 짓는 등 펜실베이니아와 시카고에 대규모 공장을 지었다. 뉴욕에는 지사를 설립했다. 이제 그는 연간 1백만 달러의 판매량을 올리는 무시할 수 없는 랭커스터의 기업가가 되어 있었다. 신선한 우유를 이용한 캐러멜 제조법은 그의 회사를 최고의 기업으로 만들어 놓았고 그에게 부와 명성을 가져다주었다.

마침내 밀턴은 서른여섯 살에 거부의 반열에 오른다. 그는 점잖고 준수한 외모에 겸손한 성격을 지닌 신사였다. 결코, 허세를 부리는 법이 없었다. 조용하고 차분하면서 아름다움과 우아함을 갈망하는 신앙인이었다.

어머니를 사랑했던 그는 1891년, 어머니에게 아름다운 저택을 사드렸다. 아버지는 집을 떠나서 여전히 방랑 생활을 하며 이따금 편지만 보낼 뿐이었다. 예술적 감각이 있던 밀턴은 랭커스터 퀸 스트리트에 있는 집을 개조하고 이국적인 조류와 식물을 들여 놓는 등 조경을 바꾸었다. 실내에는 최고급 가구도 들여놓았다.

"얘야, 정말 멋있는 집이다만 이렇게 돈을 써도 되냐?"

어머니가 걱정스레 물었다.

"그럼요, 어머니. 그동안 너무 고생하셨잖아요. 이젠 편하게 지내세요."

"정말 고마운 일이다. 이게 다 하나님의 은총이지 뭐냐!"

여러 차례 실패를 겪으면서 재기의 투지를 잃지 않던 밀턴은 어느 정도 성공을 거두자 쉬고 싶어졌다. 그는 회사 운영을 중역들에게 맡기고 세계 여행을 떠나기로 했다. 멕시코, 영국을 거쳐서 유럽 여러 나라를 돌아보고 이집트까지 가는 장기 여행이었다. 어려서는 가난하게 지내고, 청년이 되어서는 일하며 여러 실패를 겪고, 사업에 성공하면서는 일 속에 파묻혀 지내왔던 그였다. 이제는 그런 삶에서 벗어나 인생을 즐기기 시작한 것이다.

예수께서는 어린아이와 같이 되어야 천국을 맛볼 수 있다고

십일조로 복 받은 세계 부자들

하셨다. 천국은 삶의 충만함을 만끽할 수 있는 세상이다. 밀턴은 사업을 하면서도 스트레스를 받지 않는 세상, 삶의 충만함을 꿈꾸었다. 어느 정도 사업이 안정되자 그는 내면에서부터 차오르는 삶의 기쁨을 누리고 싶었다. 그는 나이와 체면, 해야 할 일과 하지 말아야 할 일, 할 수 있는 일과 할 수 없는 일 등을 내던지고 삶을 즐기고 싶었다.

초콜릿을 대량생산할 기계를 만나다

1893년 밀턴 허쉬의 운명은 물론 세계 식품, 초콜릿의 역사를 송두리째 바꾸어 놓을 기회가 다가오고 있었다. 그것은 콜럼버스의 신대륙 발견 400주년 기념으로 시카고에서 열린 세계 컬럼비아 박람회였다. 이 박람회장을 둘러보던 밀턴은 어떤 기계 앞에서 신의 계시 같은 것을 느꼈다.

그는 박람회장 뒤쪽 부스에 놓인 초콜릿 제조 기계를 발견하고 매료되었다. 독일 드레스덴의 기계 회사인 'JM 레만'에서 출시한 기계였다. 코코아 껍질을 자동으로 벗기고 오븐에 코코아를 굽고 코코아에 설탕을 혼합하고 바닐라를 바르는 작업이 금형만 바꾸면 자동으로 이루어지는 환상적인 기계였다. 밀턴은 본능적으로 그 기계가 자신의 운명을 바꾸어 놓을 거라는 생각을 했다.

  기계의 가치를 누구보다 빨리 알아차린 그는 거금을 주고 그 자리에서 그 장비를 몽땅 사들였다. 그의 과감한 투자는 미국 초콜릿 시장을 장악하는 계기가 되었다. 밀턴은 그 기계를 랭커스터 캐러멜 공장 건물에 설치하고 공장 3층에 연구실을 만들어 신제품 연구에 들어갔다. 그는 캐러멜을 만들듯 초콜릿에도 신선한 우유를 넣어 신제품을 만들기 위해 애썼다. 그는 동료들과 가장 맛있는 밀크 초콜릿을 만들기 위해 어떻게 성분을 배합해야 하는지 몇 날 며칠을 밤을 새워가며 연구했다. 그는 이 연구를 하면서 밀크 초콜릿이 세상 사람들의 입맛을 사로잡을 것을 본능적으로 예감했다.

  그 당시 초콜릿은 부자들의 기호품이었다. 대부분의 미국인은 초콜릿을 맛볼 기회가 없었다. 당시는 스위스에서만 밀크 초콜릿을 수작업으로 만들고 있었다. 밀크 초콜릿은 대량생산할수 없다고 여기던 시대였다. 카카오는 90퍼센트 이상이 기름이고, 우유는 90퍼센트 이상이 물이었기에 합성하는 공정이 꽤까다로웠다. 마침내 그는 밀크 초콜릿의 대량생산법을 개발하는 데 성공했다.

  1894년부터 공장의 생산 설비에서 무려 114종이나 되는 초콜릿을 쏟아냈다. 밀크 초콜릿, 코코아 초콜릿, 달콤한 바닐라 초콜릿, 초콜릿 빵 등 입맛을 돋우는 초콜릿 제품에 미국인들은 열광했다. 그때부터 초콜릿은 간식뿐 아니라 바쁜 직장인, 아이들의 아침 식사로 자리 잡아 나갔다.

아내를 만나 얻은 행복

사업에만 몰두하다 보니 밀턴 스네이블리 허쉬는 어느새 마흔이 넘었다. 1897년, 그에게 한 여인이 운명처럼 다가왔다. 밀턴이 시카고로 가던 도중 들른 뉴욕 서부에 있는 제임스타운의 한 제과점에서였다. 그녀는 그곳에서 전화로 랭커스터 캐러멜을 홍보하고 있었다. 이름은 캐서린 엘리자베스 스위니로 키티라는 애칭으로 불렸다. 스물여섯 살의 그녀는 빨간 머리의 아름다운 처녀였다. 그녀의 부모는 아일랜드인 이민자였다. 그녀는 유쾌하고 재치 있는 성격에 따뜻한 마음씨를 지니고 있었다.

그녀는 제임스타운 고등학교를 나온 후 보석 가게에서 일하다 제과점으로 옮겨 랭커스터 캐러멜을 홍보하다가 자신의 인생을 바꿀 남자를 만나게 된 것이다. 밀턴은 열네 살이나 어린 그녀의 아름다움에 빠졌고 차츰 그녀와의 결혼을 꿈꾸게 되었다. 두 사람은 자주 만나 소설 속 주인공처럼 매혹적인 연애를 했다. 키티는 뉴욕에 있는 알트 백화점의 리본 매장으로 자리를 옮기고 1년 동안 밀턴과 연애를 했다.

충분한 연애 기간을 보냈다고 생각한 두 사람은 1898년 5월 25일, 성 패트릭 성당 사제관에서 결혼식을 올렸다. 밀턴의 어머니는 키티의 집안이 가톨릭이라는 게 불만이었다. 그러나 사랑에 빠진 밀턴에게 종교는 문제가 되지 않았다. 그들은 행복한 결혼 생활을 시작했다. 밀턴은 키티와의 신혼집으로 저택을 사 아름답게 꾸몄다.

활기찬 영혼과 따뜻한 마음씨를 지닌 키티는 유머 감각이 뛰어났고 사교적이었다. 그녀는 밀턴의 친구들과 회사 사람들과도 잘 어울렸다. 자신의 아름다움과 개방적인 성격으로 상대방을 즐겁게 해 주는 능력도 있었다. 그런데 문제는 어머니였다. 돈독한 모자 관계에서 흔히 그렇듯이 어머니는 젊고 아름다운 며느리가 그다지 마음에 들지 않았다. 아들을 지극히 사랑하고 아들밖에 몰랐던 어머니는 큰 상실감에 잠겼다. 밀턴은 뜻하지 않은 이런 상황에 무척 당황했다. 결혼 후에 어머니를 모시고 같이 살 생각이었지만 상황이 여의치 못하자 어머니에게 랭커스터에서 호화로운 주택이 즐비한 듀크 스트리트의 저택을 사 드리고 고부간의 갈등을 해결했다.

그는 사랑하는 아내를 위해서 자주 해외여행을 떠났다. 주로 유럽을 방문했는데 동화 속 그림처럼 아름다운 마을을 보고 미국에도 그런 마을을 만들기로 했다. 밀턴과 키티는 모두가 부러워할 만큼 행복한 결혼 생활을 했으나 슬하에 자식이 없었다. 두 사람은 항상 함께했다.

"모든 지킬 만한 것 중에 더욱 네 마음을 지키라 생명의 근원이 이에서 남이니라"(잠 4:23).

03

초콜릿 제국을
이루다

나는 초콜릿을 만드는 일이 세상에서 가장 즐거웠다. 초콜릿이 건강
에 좋고, 식량이 될 수 있다는 것이 나를 더욱 즐겁게 만들었다. 그
것이 사업을 키워나가는 또 다른 즐거움을 가져다주었다.

부자들의 기호품에서 누구나 먹는 초콜릿으로

밀턴의 캐러멜 사업은 절정에 달했다. 그러자 '랭커스터 캐러멜
컴퍼니'를 인수하겠다고 나서는 사람들이 많았다. 1890년 그는
지루한 협상 끝에 당시로써는 막대한 금액인 100만 달러라는
거액에 공장을 넘겼다.

이제 백만장자가 된 밀턴은 아내와 함께 즐거운 마음으로 오
랫동안 해외여행을 떠났다. 하지만 사업가로서의 꿈을 접지는

않았다. 공장을 넘길 때, 이미 그의 마음속에 다른 사업에 대한 계획이 자리 잡고 있었다. 큰 규모의 초콜릿 사업이었다. 그는 여행하면서 본격적으로 초콜릿 사업과 장래에 펼칠 사회사업을 구상했다.

미국으로 돌아온 밀턴은 고향에서 1.5킬로미터밖에 떨어지지 않은 펜실베이니아 주 도파카운티에 1,200에이커의 땅을 매입했다. 그리고 1903년에 공장 기공식을 열고 공사를 시작했다. 그것이 오늘의 '허쉬 초콜릿' 공장이다. 이 공장은 어떤 것과도 비교되지 않을 정도로 대규모였다. 그는 초콜릿을 모든 미국 국민이 즐겨 먹는 식품으로 만들겠다고 생각했고 그 수요를 맞출 생산 시설을 갖추었다.

모든 제품을 기계와 컨베이어 벨트를 갖춘 완전한 조립 설비 안에서 만들었다. 허쉬 초콜릿에서 최고로 많이 팔린 초콜릿바는 남부 유럽에서 수입한 아몬드가 들어갔다. 아몬드를 넣는 작업도 기계가 했다.

그는 타이밍을 놓치지 않기 위해서 이른 시일 안에 제품 설비를 가동했다. 과연 허쉬 초콜릿은 출시되자마자 빠르게 미국 대륙으로 퍼져 나갔다. 밀턴은 제품을 판매하는 데 천재적인 수완을 발휘했다. 그는 영양학자의 협조를 받아 제품의 질을 높이고 위생적으로 제품을 만들었다. 그가 만든 초콜릿과 코코아는 미국 시장을 석권해 나갔다. 당시로써는 첨단 제품이던 자동차를 이용해 대대적으로 초콜릿을 홍보하기도 했다.

밀턴은 밀크 초콜릿의 대량생산법을 개발하는 데 성공해 비싼 초콜릿을 단 5센트로 살 수 있게 만들었다. 누구나 부담 없이 먹을 수 있는 군것질거리로 만드는 데 성공한 것이다. 미국인들은 더욱 세련된 모양의 새로운 맛을 내는 허쉬 초콜릿에 환호했다. 허쉬 초콜릿 공장은 24시간 풀가동되었고 밀턴은 초콜릿 제국의 제왕으로 등극했다.

1920년대 중반 이 공장에서 생산된 허쉬 코코아는 하루 약 2만 3천 킬로그램이나 되었다. 그러나 초콜릿바나 코코아 이상으로 인기를 끌었던 것은 '허쉬 키세스 초콜릿'이었다.

허쉬 키세스는 이름과 관련해 재미있는 탄생 스토리가 있다. 밀턴 허쉬는 사랑하는 사람들이 서로 키스하는 소리처럼 달콤하게 만들라고 해서 키스(Kiss)의 복수형인 키세스(Kisses)로 초콜릿 이름을 지었다고 한다. 작고 한입에 쏙 들어가는 크기의 키세스는 큰 인기를 끌었다. 1980년대에는 허쉬 컨베이어 벨트에서 하루에 1,500만 개 이상의 키세스가 생산되었다. 허쉬타운의 초콜릿 거리의 가로등이 키세스 모양으로 세워진 것도 당연한 일이다.

미국 사람들이 '허쉬 초콜릿'을 얼마나 즐겨 먹는 식품으로 여겼는지를 말해주는 문학 작품이 있다. 《길 위에서On the Road》란 소설로 비트 세대(Beat Generation)의 주도적 작가로 떠오른 후, 당시 미국을 대표하는 소설가였던 잭 케루악이 쓴 《달마 행자들The Dharma Bums》에는 이런 내용이 나온다.

정상까지 남은 3킬로미터는 너무나 힘들어서 이런 말이 저절로 나왔다.

"오, 재피, 이 세상 그 어떤 것보다도 지금 당장 원하는 게 하나 있어. 아니, 태어나서 지금까지 이렇게 강렬한 욕구는 처음인 것 같아."

차가운 저녁 바람이 불어 왔고 우리는 무거운 배낭 때문에 몸을 구부리면서 끝없는 산길을 재촉했다.

"뭔데?"

"허쉬 초콜릿 말이야, 한 조각만이라도 있었으면……. 뭐라 말할 수는 없지만 허쉬 초콜릿 한 조각만 있으면 살 것 같아."

"허쉬 초콜릿이 네 부처님이로구나. 달빛 쏟아지는 오렌지밭에서 먹는 바닐라 아이스크림은 어때?"

"야, 그건 너무 추워. 지금 내게 필요한 것은, 아니 정말로 원하는 것은 바로 허쉬 초콜릿이야. 땅콩이 들어간……."

우리는 아주 지쳐 있었다. 우리는 어린아이처럼 이야기하면서 터벅터벅 걸어갔다. 나는 그 옛날 맛있게 먹던 허쉬 초콜릿을 몇 번이고 떠올렸다. 정말로 나는 허쉬 초콜릿이 먹고 싶었다. 누가 뭐래도 나는 에너지를 원했다. 머리가 약간 멍했고 내게는 당분이 필요했다. 그렇지만 그때 그 추운 바람 속에서 초콜릿과 땅콩을 입속에 집어넣고 우물거리는 모습을 상상하는 것은 너무나도 사치스러운 일이었다.

이쯤 되면 당시 많은 미국인이 허쉬 초콜릿에 매혹되어 있거나 중독되어 있었다고 보아야 할 것이다. 앞에서도 밝혔지만, 초콜릿은 적어도 수백 년 동안 부유한 특권층만 먹던 식품이었다. 그러나 20세기 중반 비트 세대의 대표자였던 케루악이 캘리포니아의 한 산에 올라갔던 그 시기, 밀턴이란 사람의 탁월한 능력 덕분에 초콜릿은 누구라도 손에 넣을 수 있고 누구나 즐겨 먹는 식품이 되었다.

허쉬만의 복지 도시를 만들다

밀턴은 어느 정도 돈을 벌자 사업보다는 인간의 행복과 사회 복지에 관심을 갖게 되었다. 어린 시절을 가난하게 보냈고, 젊은

십일조로 복 받은 세계 부자들

시절에는 고생하고 힘들게 살았던 탓이다. 그는 초콜릿으로 번 돈을 사회에 환원하는 자선사업가의 길을 걸었다.

그는 우선 허쉬 초콜릿 공장이 들어선 주변 땅을 사들여서 근로자들이 살 수 있는 집을 지어 주었다. 잔디를 깐 멋지고 안락한 집이었다. 집은 저마다 특색 있도록 지었다. 놀라운 것은 모든 주택에 전기와 온수가 나오도록 했다. 중산층도 그런 설비를 집에 갖추지 못했을 때다. 근로자들 사이에는 허쉬 초콜릿 회사에 취직해서 허쉬 파크에 사는 것이 꿈이란 소리가 나돌았다. 마을 이름은 '데리타운십'이었는데, 허쉬 초콜릿 공장에서 일하는 근로자들이 이사하면서 자연히 허쉬 파크라고 불리게 되었다. 이윽고 마을과 주변의 도로는 과자 이름이 붙기 시작해서 오늘에 이르고 있다.

허쉬 파크는 공장을 중심으로 마을이 형성되고, 디즈니랜드처럼 초콜릿을 테마로 하는 놀이공원이 생겨나기에 이르렀다. 나무가 울창한 언덕 사이에 자리 잡은, 인구 약 1만 2,000명이 사는 허쉬 파크에는 마을 중심부를 관통하는 초콜릿 거리와 코코아 거리가 있다. 이 두 거리를 가로지르는 작은 도로에는 카카오 원두를 실어 날랐던 항구의 이름, 곧 카라카스, 그라나다, 아루바, 트리니다드, 자바, 파라, 실론과 같은 이름이 붙여졌다.

밀턴은 여기서 그치지 않았다. 근로자들이 편리하게 사용할 수 있는 대중교통 체계와 여가와 문화 활동을 할 수 있는 새로운 개념의 주거 단지를 만들었다. 허쉬 파크에는 아이들을 위한 학교, 도서관, 놀이기구, 수영장, 직원들을 위한 클럽, 교회, 병원 등의 시설을 갖추었고, 트롤리카와 기차까지 운행했다. 여기에 밀턴은 백화점, 골프장, 야구장, 야외음악당 등 근로자들이 여가를 즐길 수 있는 시설을 만들어 나갔다.

대량생산 때문에 허쉬의 밀크 초콜릿은 많은 양의 우유와 설탕이 필요했다. 우유는 마을을 둘러싸고 있는 3,000만 제곱미터에 이르는 광대한 목장에서 조달했다. 물론 그 목장도 허쉬 초콜릿의 소유였다. 이 회사가 펴낸 1926년도 팸플릿을 보면 매일 아침 홀스타인 젖소에서 짠 신선하고 크림 성분이 많은 우유 약 23만 리터를 공장으로 보내 콘덴서로 농축시켜 설탕을 첨가했다고 기록되어 있다.

허쉬 파크는 쿠바에도 있었다. 1916년 1월, 밀턴은 처음으로 쿠바를 방문했다. 수려하고 비옥한 섬나라인 쿠바의 북쪽 해안을 여행하던 그는 광대한 사탕수수 농장을 보고 놀라 흥분했다. 그는 그곳에서 허쉬 초콜릿의 미래를 보았다. 그때부터 그는 쿠바에 집중적인 투자를 하고 그곳에도 허쉬 타운을 만들어 나갔다.

제당 공장과 열대 지방 형식의 모델 타운이 들어선 또 하나의 허쉬 단지는 아바나에서 서쪽으로 약 1백 킬로미터 떨어진 산타 크루스 델 노르테에 있다. 쿠바에 있는 허쉬 파크의 시설은 미국만큼은 못했지만 야구장과 경기장을 갖추어 그 위용을 자랑했다.

쿠바에서 재배된 설탕은 정제된 후에 배에 실어 초콜릿과 코코아 공장으로 운반했다. 이를 위해 허쉬는 최신식의 전기철도를 부설했다. 철도 하나는 마탄사스 항구를, 다른 하나는 수도 아바나를 통과했다. 설탕뿐 아니라 승객도 함께 실어 날랐다.

그러나 쿠바에 진출한 다른 미국 기업과 마찬가지로 허쉬의 도시도 1959년에 피델 카스트로가 이끄는 혁명가들이 바티스타 정권을 무너뜨리면서 끝나고 말았다. 그러나 허쉬가 건설한 철도는 100년이 지난 지금도 기차가 승객을 태우고 아바나와 산타 크루스를 정기적으로 운행하고 있다.

너무 일찍 세상을 떠난 아내

결혼한 지 14년째 되던 해인 1915년 3월 25일, 불행이 너무 빨리 찾아왔다. 밀턴의 아내 키티가 시름시름 앓다가 젊은 나이에 세상을 떠난 것이다. 그녀는 죽기 2년 전부터 마비 증세가 있었다. 평소 유쾌하게 잘 웃고 불평을 몰랐던 그녀는 점점 시들어

가는 꽃처럼 말없이 여위어 갔다. 밀턴은 최고의 의료진을 불러와 치료했지만, 1914년 말이 되자 그녀는 거의 전신을 쓸 수 없었다.

"박사님, 어떻게 다른 방법이 없을까요?"

밀턴이 갈급하게 물었지만 의사의 얼굴은 침통하기만 했다.

'어떻게 천사 같은 내 아내가 저렇게 죽어가야 한단 말인가?'

밀턴은 하나님이 원망스러웠다. 그런데 의사를 떠나보내고 방 안으로 들어선 밀턴은 깜짝 놀랐다. 꼼짝도 못 하던 아내가 일어나 앉아서 성경을 읽고 있었다. 물론 시중을 드는 사람이 책을 들고 있었다. 아내가 읽고 있는 성경 구절은 이사야서 41장 10절이었다.

> "두려워 말라 내가 너와 함께 함이라 놀라지 말라 나는 네 하나님이 됨이라 내가 너를 굳세게 하리라 참으로 너를 도와 주리라 참으로 나의 의로운 오른손으로 너를 붙들리라"

밀턴은 다가가 아내 손을 잡았다. 아내는 웃으면서 말했다.

"당신하고 샴페인 한잔하고 싶어요."

밀턴은 아내가 이 세상을 떠나기 전 남편과 마지막으로 함께하는 시간을 제안한다는 생각은 못 하고 기적이 일어났다고 믿

십일조로 복 받은 세계 부자들

었다. 아내는 그가 따라 준 샴페인을 한 모금 마시고 힘들게 미소를 지어 보였다. 그리고 그날 저녁 조용히 숨을 거두었다.

아내의 죽음을 너무 슬퍼한 밀턴은 그 후 재혼하지 않고 홀로 살았다. 아내와의 사이에 자식이 없던 밀턴은 자기 재산 전부를 사회에 환원하겠다고 결심했다. 그는 마을 근처의 땅 500에이커를 사들여 고아원을 짓고 아이들이 공부할 실업기술학교도 설립했다. 그가 죽은 후 그곳에는 의과대학도 들어섰다.

밀턴은 사심 없는 사람이었다. 그는 자신이 가진 모든 것을 내려놓았다. 성경은 "주는 것이 받는 것보다 복이 있다"고 말한다. 받으면 그것을 소유하는 것으로 끝난다. 그러나 베푸는 사람은 다른 사람에게 도움을 주었다는 뿌듯함을 느낄 수 있다. 조건 없이 베푼 것에 행복하다. 주는 것이 받는 것보다 복이 있다. 밀턴은 "더 많이 얻기 위해서는 더 많이 주어야 한다"는 진리를 깨친 사람이었다. 그는 행복하게 살려면 다른 사람을 행복하게 해주고, 더 많은 사랑을 원한다면 사람들을 더 많이 사랑해야 한다는 것을 알았다.

전투식량이 된 허쉬 초콜릿

허쉬 초콜릿은 1937년 이래 미군 레이션(Ration, 전투식량)의 표준 구성품이 되었다. 낙하산으로 투하되는 기본 야전 레이션에는 허쉬 초콜릿이 들어 있다. 그런데 허쉬 초콜릿 맛에 반한 병사들이 시도 때도 없이 초콜릿을 먹는 바람에 군 당국은 맛을 조절해달라고 주문할 정도였다. 미국 육군에 의해 최초의 구급용 초콜릿 레이션바로 정해진 것은 '레이션 D바'다. 1937년 4월, 미 육군 군수사령부의 폴 로간 대령은 허쉬 초콜릿을 방문해 사장 윌리엄 머리와 수석 화학자 샘 힌클을 만났다. 회장인 밀턴은 로간 대령이 제의한 프로젝트에 매우 관심을 보였다. 조건을 만족하는 시범생산을 시작했다. 로간 대령은 레이션 D바에 네 가지 사항을 요구했다. 무게는 4온스, 고칼로리, 고온에서 견딜 것, 삶은 감자보다는 맛이 좋을 것이었다.

로간은 초콜릿바의 맛이 좋다면, 전투 부대들이 구급 식량 대신 일상적으로 먹을 수 있다고 보았다. 수석 화학자인 힌클은 초콜릿바를 생산하기 위한 새로운 방법을 개발했다. 그리고 액상 초콜릿과 귀리를 가공 틀에 붓기 위해 초콜릿 공장 설비가 제작되었다. 또한, 고온에서 견디는 초콜릿은 어떤 온도에서도 흘러내리지 않아야 하므로 이를 위해 끈적끈적한 페이스트(Paste, 반죽) 형태로 만들었다. 팩 3개로 된 4온스 초콜릿바는 병

십일조로 복 받은 세계 부자들

사에게 필요한 1일 권장 최소 칼로리인 1,800칼로리를 만족할
수 있게 고안되었다.

1943년, 미국 육군 조달청은 높은 열에 견디고 맛이 개선된,
과자 같은 스타일의 초콜릿바를 만들어 달라고 의뢰했다. 짧은
기간의 실험 끝에, 허쉬 초콜릿은 '트로피칼바'를 생산했다. 트
로피칼바는 일반 초콜릿과 모양이 비슷하고 레이션 D바보다
맛이 개선되었다. 트로피칼바는 전쟁 기간 허쉬 초콜릿에서 가
장 많이 생산된 제품이다. 그런데 맛을 개선했지만, 병사들은
초콜릿이 텁텁하다는 반응을 보였다. 그러나 야전에서 바로 먹
을 수 있는 스낵으로는 성공적이었다.

그리하여 1940년에서 1945년까지 대략 30억 개의 레이션 D바
와 트로피칼바가 생산되어 전 세계의 미군 장병들에게 보급되
었다. 1939년에는 허쉬 초콜릿의 플랜트는 레이션 D바를 하루
10만 개꼴로 생산했다. 제2차 세계대전이 끝날 때의 전체 통계
로는, 허쉬 플랜트에서 생산된 레이션 D바는 일주일에 2,400만
개였다. 제2차 세계대전을 통해, 허쉬 초콜릿은 기대 이상의 품
질과 생산량에 힘입어 미 육군과 해군으로부터 다섯 개의 상을
받았다. 허쉬 초콜릿은 1971년에 아폴로 15호 안에서 우주인이
먹으면서 더 유명해졌다.

관광지가 된 허쉬의 유토피아

말년에 밀턴은 사업에서 완전히 손을 뗐다. 그는 개인 자선단체를 설립해서 지역 공공센터의 기금을 마련해 주고 주민들이 이를 운영하도록 했다.

영지에는 오갈 데 없는 소년들을 위한 산업학교, 허쉬 백화점, 허쉬 은행, 직원을 위한 클럽, 다섯 개의 교회, 공공 도서관, 주민 소방단, 두 개의 학교, 멋진 정원과 동물원 그리고 위락시설을 겸비한 공원, 허쉬 호텔 등이 있었다. 프로 골퍼 벤 호건이 근무하던 골프장도 있었다. 이곳은 허쉬 초콜릿에서 일하는 수천 명의 종업원이 생활하는 데 필요한 모든 것을 갖추어 놓았다. 이 도시에는 시장도 없었고 공적으로 만든 어떠한 행정제도도 없이 운영되는 '허쉬의 유토피아'였다.

밀턴은 1945년 10월 13일, 자신이 소유한 병원에서 여든여덟 살의 나이에 편안히 생을 마감했다. 그가 이룩한 초콜릿 제국은 허쉬식품회사라는 이름으로 아직도 건재하고 있다. 이 회사의 연간 매출액은 20억 달러를 넘는다. 우리 돈으로 2조 4천억 원 정도다.

수많은 관광객이 밀턴이 살아생전에 이룩한 경이로움을 보기 위해 펜실베이니아 주로 몰려든다. 그러나 이 회사는 더 이상 그들에게 교통편을 제공해 초콜릿 공장을 견학시키지 않는다.

그 대신 방문객들은 자동화된 초콜릿 공장을 둘러보면서 그들이 좋아하는 초콜릿바나 키세스 초콜릿이 어떻게 만들어지는지를 구경한다.

이런 테마파크를 통해서 초콜릿을 판촉하는 방법은 훗날 유럽의 대기업들까지 벤치마킹하는 모범 사례가 되었다. 그가 만들려고 한 유토피아의 이상은 이후 그의 뜻을 계승하려는 허쉬 식품회사의 임원들과 여러 사람에게로 이어졌다. 밀턴을 기념하는 박물관과 함께 공원과 대학 등 여러 복지시설이 계속 들어서고 있는 허쉬 파크는 한 해 수십만 명이 넘는 사람들이 찾을 정도로 유명 관광지가 되었다.

"이제 너희의 넉넉한 것으로 그들의 부족한 것을 보충함은 후에 그들의 넉넉한 것으로 너희의 부족한 것을 보충하여 균등하게 하려 함이라 기록된 것 같이 많이 거둔 자도 남지 아니하였고 적게 거둔 자도 모자라지 아니하였느니라"(고후 8:14~15).

템플턴은 '20세기 최고의 주식투자가'다. 그는 다우존스 주가지수 변동을 정확하게 예견했고, 1만 달러를 빌려서 시작한 투자자문회사는 놀라운 성장을 이뤘다. 1997년에는 800억 달러를 돌파했고 펀드 가입자도 전 세계적으로 400만 명을 넘어섰다. 템플턴 펀드가 눈부신 성공을 거두면서 템플턴은 그 성공을 정신적 영역으로 확대하고자 애썼다. 그는 인류애와 종교적 성취가 뛰어난 인물을 선정해 종교계의 노벨상으로 불리는 템플턴상을 제정했다. 자신이 죽은 다음 전 재산을 자선사업에 쓸 수 있도록 자녀에게는 유산을 남기지 않고 재단에 기증했다.

Part 4

월 스트리트의 살아 있는 전설, 영적인 투자가

존 템플턴

John Templeton

1912~2008

지하철을 기다리거나 공항에서 탑승 절차를 위해 대기할 때 몇 분의 시간은 있다.
이럴 때 회사 일에 도움이 되는 자료를 찾거나, 요즘 흐름을 분석해 보거나,
아니면 그저 마음의 양식이 되고 식견을 넓히는 책을 읽을 수도 있다.
약속 시각보다 일찍 도착할 경우를 대비해 기다리는 동안 읽을 수 있는 신문도 좋다.
늘 책과 신문을 가지고 다닌다면 도서관을 끼고 다니는 것과 같다.
이렇게 하면 당신은 항상 무엇인가를 성취할 수 있고,
성공을 향해 훨씬 빨리 나아갈 수 있다.

존 템플턴

성직자 같은 비즈니스맨

템플턴은 워런 버핏이나 피터 린치보다는 비교적 덜 알려졌다. 하지만 그는 세속적인 성공을 거둔 투자가를 능가하는 세계 최고의 전략적 투자가다. 글로벌 투자의 선구자이며, 금융시장을 꿰뚫어보는 탁월한 통찰력과 폭넓은 시야로 월스트리트를 이끈 최고의 펀드매니저다. 또한, 하나님을 믿은 그는 비정한 자본주의의 투자자들이 맹위를 떨치는 월스트리트에서 따스한 마음을

십일조로 복 받은 세계 부자들

전하는 투자가였다.

 템플턴은 아시아 경제 위기가 최고조에 달한 1997년부터 1998년까지 한국, 싱가포르, 호주 등에 과감하게 투자했다. 1997년 12월, 우리나라가 경제위기에 빠져있을 때 과감하게 한국 주식시장에 투자해 외국인 투자자들의 한국 주식 매수를 선도했다. 그가 경제 위기를 겪고 있는 한국에 과감히 투자한 것은 '비관적 분위기가 최고조에 달했을 때 투자하라'는 자신의 원칙을 지킨 것이다.

 "많은 사람이 시장에 비관적일 때, 더는 증시 붕괴는 없다"는 것이 그가 투자가로서 줄곧 지켜온 원칙이다. 실제로 템플턴은 투자가로 입문하던 1939년, 제2차 세계대전이 일어났다는 소식을 듣고 곧바로 주식 투자에 나섰다. 그는 뉴욕 주식시장에서 1달러 미만에 거래되던 104개 종목에 1만 달러를 투자했다. 그리고 4년 뒤 자신의 투자자금을 4만 달러로 늘렸다. 그 자금이 템플턴 투자회사의 시드 머니가 됐다.

 템플턴은 예일 대학교 경제학과를 수석으로 졸업하고 로즈 장학생으로 선발돼 영국 옥스퍼드 대학교에서 법학을 공부했다. 그는 1937년부터 월스트리트에서 활동하기 시작해서 1954년 뮤추얼 펀드인 '템플턴 그로스 펀드'를 출범시켰다. 그 당시 전체 운용자산이 700만 달러에 불과했지만 1992년에는 220억 달

러 규모로 성장했다. 그의 탁월한 펀드 운용 성과는 월스트리트
는 물론 전 세계 뮤추얼 펀드 업계의 신화가 됐다.

　그는 1973년부터 인류애와 종교적 성취가 뛰어난 인물을 선
정해 종교계의 노벨상으로 불리는 템플턴상을 시상하고 있다.
1987년 존 템플턴 재단을 설립한 그는 뮤추얼 펀드 운용에서
공식 은퇴한 뒤 자선활동에 전념했고, 매년 4,000만 달러 이상
을 자선단체에 기부했다. 사후에 자신의 전 재산을 자선사업에
쓸 수 있도록 자녀에게는 일체의 유산을 남기지 않고 재단에
기증했다. 사람들은 이런 그를 성직자 같은 영적인 투자가라고
부른다. 〈머니매거진Money Magazine〉은 1999년에 존 템플턴을
'20세기 최고의 주식투자가'로 선정했다.

"진실로 너희에게 이르노니 무엇이든지 너희가 땅에서 매면
하늘에서도 매일 것이요 무엇이든지 땅에서 풀면 하늘에서도
풀리리라"(마 18:18).

01

인생의 모범생

인생의 목표를 지향하면서 지혜롭게 일관성을 유지하는 것은 마음의 평화와 함께 궁극적인 보답을 가져다준다.

신앙의 가정에서 성장하다

존 템플턴은 1912년 테네시 주 윈체스터의 작은 마을에서 태어났다. 그의 고향은 아주 보수적인 마을로 모든 집마다 성경이 있고 금주법을 엄격하게 지키는 곳이었다. 술을 가지고 있다가 들키면 감옥에 가야 할 정도였다.

존의 아버지 하비 템플턴과 어머니 벨라 템플턴은 그 마을에서도 알아주는 신앙인이었다. 독학으로 변호사가 된 아버지는 목화씨를 골라내는 공장을 운영해 어느 정도 부유한 편에 속했다. 아버지는 늘 근검절약을 강조했지만, 가치 있는 일에는 기꺼이 후원했다. 어머니는 당시 작은 시골 마을에서는 보기 드문 재원이었다. 그녀는 노말 대학에서 7년 동안 공부한 후 텍사스주의 부유한 가정에서 2년간 가정교사로 지내다가 하비 템플턴과 결혼했다. 템플턴 부부는 기독교 신앙이 가르치는 원칙을 지키며 살았고, 그것이 최선의 길이라고 믿었다. 어린 존은 그런 부모 밑에서 흠잡을 데 없는 모범생이자 착한 아들로 자랐다. 부모들이 제시한 원칙 안에서 행동한 그는 윤리나 종교, 외부활동에서 어떤 잘못도 저지르지 않았고, 무엇을 하든 언제나 확실한 자유가 주어졌다. 존은 부모님에게 숙제했느냐, 공부해야 한다는 등의 잔소리를 한 번도 듣지 않을 정도로 성실했다. 그는 모든 과목에서 항상 A 학점을 받았다.

　한번은 이런 일이 있었다. 초등학교 1학년 때 그는 전 과목 A를 받고 기분이 좋아 우쭐해져서 아버지께 성적표를 보여 주었다. 아버지는 매우 기뻐하며 아들에게 내기를 제안했다.

　"존, 네가 학기마다 전 과목 A를 받는다면 아빠가 너에게 목화 한 섬씩을 선물로 줄게. 하지만 네가 그 성적을 올리지 못하면 거꾸로 나에게 한 섬을 내놓아야 해. 어때 해볼래?"

　"좋아요."

어린 존은 호기 있게 대답했다. 아버지는 어린 아들에게 자극을 주려고 내기를 제안했고 어린 아들은 의지를 불태우며 공부했다. 존의 학교 성적은 탁월했다. 그는 초등학교부터 고등학교를 졸업할 때까지 모든 과목에서 A를 받았다. 존은 성적은 물론 모든 면에서 우수했다. 고등학교를 졸업할 때는 토론, 연설, 모범적인 행동, 학업 성취도 등의 분야에서 금메달을 받고 학생 대표로 고별사를 낭독했다.

결국, 11년이 지나 존의 아버지는 아들에게 목화 22섬을 빚지게 되었다. 거기다 세계 경제 대공황이 오면서 아버지는 그에게 대학교 등록금만 간신히 마련해 줄 수 있었다. 아들은 웃으면서 아버지의 빚을 탕감해 주었다.

열정과 꿈으로 가득 찬 대학 시절

1929년의 주식시장 대폭락에 이어 세계 경제가 대공황으로 빠져들던 1930년, 존 템플턴은 예일 대학교에 진학했다. 아버지는 1학년 등록금은 내주었지만, 문제는 2학년 때의 등록금이었다. 윈체스터의 지주이자 농장주였던 아버지도 대공황의 여파로 경제적인 어려움에 맞았다. 그러나 존은 특유의 자신감과 번득이는 재치로 이 위기를 뚫고 나갈 대책을 세웠다. 훗날 그는 그 당시를 이렇게 회상했다.

"처음에는 무척 당황했고 슬프기까지 했어요. 하지만 그것은 내게 최대의 행운을 가져다준 멋진 계기가 되었습니다. 덕분에 나는 더욱 좋은 성적을 올리기 위해 정말 열심히 공부했습니다. 결국, 장학금을 두 배나 받아서 등록금 문제를 해결하게 되었고요."

템플턴은 아르바이트로 용돈을 버는 한편 대학 만화 잡지의 경영 부책임자, 교지 회장 등을 맡아 일하기도 했고 우수학생 모임에도 적극적으로 참여했다. 경제학도였던 그는 장차 투자자문업을 하겠다고 결심했다. 4학년 때는 피어슨 대학교에서 조교로 일하면서 당시 등록금의 절반에 해당하는 1,000달러를 벌기도 했다. 그는 1934년 교지의 이익 배당금으로 800달러를 받아 증권회사 계좌를 개설해 세계적인 투자가로 성장할 발판을 만들었다.

그의 대학 시절은 무엇이든 할 수 있다는 열정과 꿈으로 가득차 있었다. 그는 장학금을 받기 위해 누구보다 열심히 공부했고, 3학년이 끝나갈 무렵에는 과에서 수석을 차지했다. 이로 인해 당시 피어슨 대학교의 학장이자 로즈 장학재단의 코네티컷

주 장학생 선발위원회 위원인 앨런 밸런타인은 그에게 로즈 장학생에 지원해 보라고 권유했고, 결국, 로즈 장학생이 되었다.

로즈 장학금으로 모든 비용을 해결한 옥스퍼드 대학교에서의 생활은 그야말로 장밋빛이었다. 훗날 템플턴은 옥스퍼드 대학교에 다닌 기념으로 옥스퍼드 경영대학원 안에 템플턴 대학을 설립했는데 헌정식 때는 영국 교육부 장관도 참석해 자리를 빛내주었다.

"그 날에 사람을 세워 곳간을 맡기고 제사장들과 레위 사람들에게 돌릴 것 곧 율법에 정한 대로 거제물과 처음 익은 것과 십일조를 모든 성읍 밭에서 거두어 이 곳간에 쌓게 하였노니 이는 유다 사람이 섬기는 제사장들과 레위 사람들로 말미암아 즐거워하기 때문이라"(느 12:44).

02

투자전문회사를
설립하다

모두가 절망에 빠져 주식을 팔 때 매입하고, 남들이 앞뒤 가리지 않고 사들일 때 파는 일은 대단한 용기가 필요하다. 그러나 미래는 엄청난 투자 수익으로 보답할 것이다.

성공적인 첫출발

대학을 졸업한 템플턴은 투자자문회사인 '페너 앤드 빈'에 취직했다. 비록 급여는 적었지만 많은 것을 배울 기회라고 생각했다. 그러나 그곳에 근무한 지 3개월 만에 거절하기 힘든 제안이 들어왔다. 로즈 장학생으로 옥스퍼드 대학교에서 함께 공부했던 조지 맥기가 텍사스에 있는 지질탐사 회사인 내셔널지오피지컬에서 같이 일하자고 한 것이다.

템플턴은 텍사스로 가서 재무책임자로 일하며 월 350달러의 봉급을 받았다. 1938년 주디스와 결혼한 템플턴은 아내와 함께 아끼며 생활한 덕에 2년 후 뉴욕으로 돌아올 때는 독립된 투자 자문회사를 차릴 정도의 돈을 모았다.

1939년 9월, 독일이 폴란드를 공습했다는 소식을 들은 템플 턴은 제2차 세계대전이 일어날 것이라고 확신했다. 그는 전쟁 이 터지면 1929년 이후 약 10년간 계속된 대공황이 끝날 거라 고 판단했다. 전시에는 공급보다 수요가 크게 늘기에 생산성이 떨어지는 기업도 활기를 찾는다는 사실을 알았다. 상황 변화에 맞춰 어떻게 투자를 해야 하는지 알고 있던 그는 뉴욕 증권거래 소에 상장된 주식 중에서 주당 1달러 미만으로 거래되는 모든 종목을 100달러씩 매수하기로 했다.

템플턴은 우선 이 모험에 필요한 자금을 충당하기 위해 패너 앤드 빈에서 자신의 상사였던 딕 플랫에게 1만 달러를 빌렸다. 플랫은 존의 투자가 매우 위험해 보여 걱정했다. 그러나 템플턴 의 선택은 옳았다. 전쟁이 끝났을 때 최종적으로 파산한 곳은 4개 종목뿐이었다. 처음 투자한 1만 달러는 4만 달러 이상으로 불 어났다. 템플턴은 그 덕에 뉴욕으로 돌아온 지 1년 만에 자신의 투자자문회사를 차려 독립했다.

그가 열정적으로 투자전문회사에서 일하고 있을 때 프린스턴 신학대학원에서 재단 이사회 일을 맡아달라는 제의가 들어왔다. 그는 몹시 바빴지만, 이것을 하나님이 자신에게 맡긴 임무라고 생각하고 받아들였다.

그 후 템플턴은 12년 동안 재단이사회 의장을 맡으면서 신앙과 조직에 관련된 아주 특별한 경험을 하게 되었다. 또한, 신앙심과 통찰력이 뛰어난 인물을 많이 만날 수가 있었다. 그는 곧이어 신학대학원의 기부금 투자위원회 회장을 맡아서 38년 동안 일했다.

이 시기에 또 하나 중요한 일은 템플턴이 사업가들의 친목 단체인 '젊은 사장들의 모임'에 참여한 것이다. 그는 이 모임을 통해 훌륭한 사업가를 많이 사귀었다. 그것은 그에게 더할 나위 없는 힘이 주었다. 사업적인 면은 물론 사회적인 면, 정신적인 면에서도 그랬다. 그들은 처음에는 주식이나 제품 생산에 대한 이야기를 나누었지만, 대화의 주제는 자연스럽게 개인이나 종교 문제로 넘어갔다.

존에게 이 모임은 훌륭한 사장이 될 수 있는지를 배우는 '배움의 장'이자 '친목의 장'이었다. 또한, 좋은 친구들을 정기적으로 만나는 즐거움을 주는 '기회의 장'이었다.

잠재 가치를 아는 자에게 부가 온다

1954년 템플턴은 '템플턴 그로스 펀드'를 설립하며 본격적으로 투자의 길을 걸었다. 전 세계를 투자 대상으로 하는 템플턴 그로스 펀드는 출범하자마자 엄청난 성공을 거두었다. 해외 주식시장을 꿰뚫어보는 통찰력을 지닌 템플턴은 아무도 거들떠보지 않던 일본 주식시장을 주목했다. 제2차 세계대전이 끝난 지 얼마 되지 않았을 때라 일본 기업에 투자한다는 것은 대세를 거스르는 일이었다. 일본의 정치 상황은 극도로 불안했고, 경제는 파탄에 빠져 있었다.

하지만 세계 각국을 두루 조사한 그는 일본 시장이 가장 유망하다고 판단했다. 검약 정신이 몸에 배어 있는 일본인들의 근면한 모습과 가족을 중시하는 가치관, 회사에 대한 높은 충성도 등을 보고 일본 기업의 장래를 밝게 내다본 것이다.

템플턴의 예측대로 도쿄 주식시장은 1960년대 말부터 1980년대까지 활황세를 탔다. 그는 자신이 운용하는 펀드 자산의 50퍼센트를 일본에 투자했고, 일본 주식시장을 선점해 큰 성공을 거두었다.

1983년에 《템플턴 프라이즈The Templeton Prizes》란 책을 쓴 윌리엄 프록터는 좋은 주식을 싸게 사들이는 템플턴의 투자 방식을 이렇게 설명하고 있다.

"템플턴은 먼저 회사 전체의 자산 가치를 그 회사가 발행한 주식의 수로 나누었습니다. 이 기본 공식은 해당 회사 주식의 진정한 가치를 알게 해주었습니다. 주가가 이 가치보다 낮다면 싸게 사는 게 되겠지요. 그러나 이 공식만으로는 올바른 가치를 계산하기 어렵고, 언제 투자해야 좋을지 파악하기 어려운 회사들이 많습니다. 때문에 템플턴도 다른 현명한 투자자들처럼 그때그때 상황에 맞춰 다양한 수법을 씁니다. 예를 들어 소매 유통회사를 평가할 때는 입지 조건이 변화될 가능성이 있는지 살펴보려 하죠. 하지만 이런 것은 시작에 불과합니다. 템플턴은 어떤 특정 기업이나 산업에 대해 더 많은 정보를 수집하면 할수록 최종적으로 더 나은 결정을 내릴 수 있다고 생각합니다. 때문에 '자투리 시간'을 이용해 하나라도 더 많은 정보를 얻으려고 하지요. 그는 이렇게 모은 수많은 정보를 읽고 공부하면서 각각의 잠재적인 투자기회에 대한 긍정적인 면과 부정적인 면을 파악하고 저울질합니다. 그는 자신이 정확하고 효율적이며 현명한 판단을 내려 투자할 수 있었던 이유는 바로 이런 방식을 고집했기 때문이라고 확신합니다. 템플턴이 좋은 주식을 싸게 사는 방식은 한마디로 말해 깊이 있는 조사와 연구, 그리고 현명한 판단에 기초해 주식을 평가하는 시스템이라고 할 수 있습니다."

십일조로 복 받은 세계 부자들

템플턴은 세계 시장의 흐름을 읽으며 항상 낙관적인 입장에서 투자를 결정했다. 1978년 〈포브스Forbes〉는 템플턴을 표지 인물로 선정했다. 그것은 그의 동료이자 경제학자였던 존 갤브레이드의 뛰어난 마케팅 활동과 템플턴 그로스 펀드의 탁월한 수익률 등으로 엄청난 명성을 얻었기 때문이다. 당시 다우존스 평균 주가는 800선을 오르내리고 경제지표는 최저 수준이었다. 그때 템플턴은 말했다.

"지금이 미국 기업의 주식을 매수할 때입니다. 미국 기업의 주식은 현재 세계에서 가장 싼 편인데 1986년에는 다우주가가 2,800선에 이를 것입니다."

많은 사람이 터무니없는 낙관론이라고 일축했지만, 그의 예측은 정확하게 맞았다. 템플턴은 1993년 〈월드모니터World Monitor〉라는 잡지에서 이렇게 주가를 예언하기도 했다.

"공산주의 장벽이 무너져 핵전쟁의 위협이 상당히 줄어든 지금, 미국은 물론 하나의 경제공동체를 구성한 유럽은 역사상 가장 화려한 시대를 맞이할 것입니다. 기업은 활황을 맞이하고 부는 늘어날 것입니다. 다우존스지수는 이 세기가 가기 전에 6,000선, 아니 그 이상이 될 수 있을 것입니다."

1997년에 다우존스지수는 이미 8,000선을 넘어섰다. 1995년 1월 16일 〈포브스〉의 표지 기사 '존 템플턴 경, 어떻게 시장을 이겨내는가?'에서 그는 이렇게 말하고 있다.

"사람들은 늘 나에게 어느 쪽이 유망하냐고 묻습니다. 그러나 이것은 잘못된 질문입니다. 전망이 가장 비참한 쪽이 무엇이냐고 묻는 것이 옳습니다. 사람들은 대부분 사업을 하든 직장을 구하든 가장 전망이 좋은 쪽에 투자하려 합니다. 하지만 주식투자는 이와 반대로 해야 합니다. 주가가 터무니없이 낮은 수준으로 떨어지는 이유는 하나밖에 없습니다. 사람들이 주식을 팔기 때문입니다. 따라서 주식을 싸게 매수하기 위해서는 사람들이 가장 꺼리고 비관적인 전망을 하는 종목을 찾아야 합니다. 사는 시기도 마찬가지입니다. 사람들이 겁에 질려 몸을 움츠리고 있을 때, 자기 자신마저도 위기감을 느낄 때 주식을 사야 합니다."

애통하는 자는 복이 있나니

템플턴은 예일 대학교를 졸업하고 로즈 장학생이 되어 옥스퍼드 대학교로 가기 직전에 약혼식을 올렸다. 템플턴의 약혼녀는 바로 1934년 웰레슬리 대학에서 '가장 데이트하고 싶은 여학생'으로 뽑힌 주디스 두들리였다. 두 사람은 3년 뒤에 결혼식을 올

십일조로 복 받은 세계 부자들

리고 행복한 가정을 꾸렸다. 그가 대학 과정을 마치고 투자전문 회사에서 일을 시작할 때 첫아이인 존 주니어가 태어났고, 이어 딸과 아들이 태어났다.

당시 뉴저지 주 잉글우드에 살던 그들 가족은 퍼스트 장로교회에 다니고 있었다. 템플턴은 기금모금에 참여하다 장로가 되었다. 그는 1940년에는 전국 장로교회 통합선교 및 우의를 위한 위원회 위원으로 선출되었다. 얼마 후에는 5,000만 달러에 이르는 기금을 관리하는 회장직을 맡았다. 전국적인 교회 지도자가 된 템플턴은 전국 교회연합회의 초청을 받기도 했고, 스위스 제네바에서 열린 세계 교회연합회에 초대받기도 했다.

템플턴은 사업과 종교 활동으로 바빠 좀처럼 가족과 함께 시간을 보낼 수 없었다. 그는 신혼여행을 제외하고는 아내와 함께 휴가다운 휴가를 제대로 다녀오지 못한 것이 미안했다. 그러다 가족에게 마음먹고 버뮤다 여행을 제안했다.

"이번에 우리 회사가 15만 달러나 벌었어요. 그 기념으로 여행을 갑시다."

1951년 2월, 템플턴 가족은 들뜬 기분으로 버뮤다로 떠났다. 하지만 그 여행은 비극을 가져오고 말았다. 템플턴과 나란히 오토바이를 타고 달리던 두들리가 교통사고를 당해 숨을 거두고 만 것이다. 1950년 9월, 템플턴의 어머니가 세상을 떠난 지 다섯 달 만의 일이다. 그 사고로 템플턴과 세 자녀는 깊은 충격에 빠졌다. 템플턴의 일생에서 가장 큰 자리를 차지하던 두 여인을 불과 몇 달 사이에 잃고만 그는 깊은 슬픔에 빠지게 되었다. 템플턴은 "애통하는 자는 복이 있나니 그들이 위로를 받을 것임이요"라는 마태복음 5장 4절 성경 구절을 묵상했지만, 어떤 감화도 성령의 교통하심도 느낄 수 없었다. 그는 그 무엇이 자신을 이토록 시험에 들게 했는지 알 수 없었다.

인생을 살다 보면 깊은 슬픔 속에 빠지는 일이 있지만, 사랑하는 두 사람을 거의 동시에 잃은 것은 인생의 두 기둥이 무너진 것과 같았다. 템플턴은 거의 넋이 나가 깊은 상심에 빠져 지냈다. 그는 아내의 장례식 때 찬송을 부르면서 애통해하는 기도를 하늘에 올렸다. 그러자 가슴을 때리는 말씀이 돌아왔다.

"내가 진실로 진실로 너희에게 이르노니 한 알의 밀이 땅에 떨어져 죽지 아니하면 한 알 그대로 있고 죽으면 많은 열매를 맺느니라"(요 12:24).

템플턴은 그날 밤 성경에서 다음과 같은 시편 말씀을 읽고 그 의미를 새롭게 깨닫고 애통함을 달랬다.

십일조로 복 받은 세계 부자들

"내가 탄식함으로 피곤하여 밤마다 눈물로 내 침상을 띄우며 내 요를 적시나이다 내 눈이 근심으로 말미암아 쇠하며 내 모든 대적으로 말미암아 어두워졌나이다 악을 행하는 너희는 다 나를 떠나라 여호와께서 내 울음 소리를 들으셨도다 여호와께서 내 간구를 들으셨음이여 여호와께서 내 기도를 받으시리로다"(시 6:6~9).

예수께서는 슬퍼서 우는 자가 복이 있다고 말씀하셨다. 예수께서는 부자가 복이 있다고 말씀하시지 않았다. 웃는 자가 복이 있다고 말씀하시지 않았다. 건강한 자가 복이 있다고 말씀하시지 않았다. 오로지 가난한 자가 복이 있고, 슬퍼서 우는 자가 복이 있고, 병든 자가 복이 있다고 말씀하셨다. 템플턴은 왜 예수께서 슬퍼서 우는 자가 복이 있다고 하셨는지를 차츰 깨달아 갔고, 자신의 내면에서 하나님이 말씀으로 역사하심을 깨쳤다. 훗날 그는 그 당시를 회상하며 이렇게 말했다.

"어머니와 아내는 나이 어린 세 자녀를 나에게 남기고 세상을 떠났지요. 나는 아이들이 필요로 하는 어머니의 역할이 어떤 것인지 전혀 알지 못했지만 그 역할을 해야만 했습니다."

템플턴은 이제 막 궤도에 오른 회사 일을 등한시할 수 없었다. 결국 그는 아이들을 보모에게 맡겼고, 얼마 후 자신에게 있

어 최선의 일은 사업에 열중하는 것임을 알게 되었다. 템플턴은
어머니와 아내를 잃은 고통을 잊기 위해 더욱 큰 결의와 열정으
로 일에 승부를 걸었고 거기서 큰 승리를 거둘 수 있었다.

> **"눈물을 흘리며 씨를 뿌리는 자는 기쁨으로 거두리로다 울며
> 씨를 뿌리러 나가는 자는 반드시 기쁨으로 그 곡식 단을 가지
> 고 돌아오리로다"**(시 126:5~6).

월스트리트의 진정한 영웅

1974년, 세계적 경제학자 존 갤브레이드가 템플턴 펀드에 합류
했다. 갤브레이드는 템플턴이 펀드를 운영하며 기록적인 수익
률을 올리고 있다는 것을 대중에게 널리 알렸다. 당시 뮤추얼
펀드 업계가 전반적으로 고전을 면치 못하고 있었지만 템플턴
과 갤브레이드의 결합은 눈부신 성공을 이끌어냈다. 자산 총액
1,300만 달러였던 템플턴 펀드는 4년이 지난 1978년에는 1억
달러, 1997년에는 800억 달러를 돌파했고 펀드 가입자도 전 세
계적으로 400만 명을 넘어서게 되었다.

  템플턴은 1978년 갤브레이드의 제안을 받아들여 템플턴 월
드 펀드라는 두 번째 펀드를 출범시켰다. 소형주와 해외 유망

기업에 집중으로 투자하는 펀드를 잇달아 출범시키면서 거침없이 성공 가도를 달렸다. 펀드 업계의 거목으로 우뚝 선 템플턴은 월스트리트는 물론 전 세계 언론의 주목을 받았다. 1980년, 템플턴은 당시 유명한 텔레비전 프로 진행자였던 루이스 루케이스가 사회를 보던 〈월스트리트 위크 *Wall Street Week*〉에 15회나 출연하면서 대중적인 인기도 누리게 된다. 루이스는 템플턴을 가리켜 이렇게 말했다.

"그는 월스트리트에서 진정으로 믿을 수 있는 영웅 가운데 한 명입니다."

1992년, 템플턴은 그동안 운영하던 모든 뮤추얼 펀드의 경영권과 영업권을 '프랭클린 리소시스'에 매각했다. 프랭클린 리소시스는 템플턴 펀드를 인수하면서 전 세계 14개국에 사무실을 둔 세계 최대 규모의 투자회사로 성장했다. 템플턴은 1997년 12월, 한국이 경제 위기에 빠져있을 때 한국 경제의 가능성을 내다보고 한국 주식시장에 과감한 투자를 해서 한국 경제를 견인하는데 지대한 역할을 하기도 했다. 템플턴은 자신이 투자의 귀재가 된 데에는 깊은 사유와 기도의 힘이 컸다며 다음과 같이 말했다.

"깊은 생각과 많은 기도를 통해 신중하게 당신이 원하는 것을 선택하라. 당신의 소망은 에너지와 시간과 창조력을 쏟을 만한 가치가 있으며 다른 사람들에게 도움이 되는 축복을 가져올 수 있다는 사실을 확신하라. 당신이 성취하고 싶은 것이 무엇인지 알고 어떻게 그 목표에 도달할 수 있을지 차근차근, 매일매일 계획을 세우라. 피라미드 건축가는 한 번에 돌 하나씩을 올려놓으며 피라미드를 만들었다. 그들은 피라미드의 밑바닥부터 시작해 돌을 쌓아 올렸다. 대부분의 계획도 피라미드가 만들어지는 과정을 밟는다. 우리는 출발선에서 시작해 결승선까지 가야 한다. 마음을 열고 받아들일 준비가 되어 있다면 필요한 자원은 제공될 것이다."

"너희를 위하여 보물을 땅에 쌓아 두지 말라 거기는 좀과 동록이 해하며 도둑이 구멍을 뚫고 도둑질하느니라 오직 너희를 위하여 보물을 하늘에 쌓아 두라 거기는 좀이나 동록이 해하지 못하며 도둑이 구멍을 뚫지도 못하고 도둑질도 못하느니라 네 보물 있는 그 곳에는 네 마음도 있느니라 눈은 몸의 등불이니 그러므로 네 눈이 성하면 온 몸이 밝을 것이요 눈이 나쁘면 온 몸이 어두울 것이니 그러므로 네게 있는 빛이 어두우면 그

십일조로 복 받은 세계 부자들

어둠이 얼마나 더하겠느냐 한 사람이 두 주인을 섬기지 못할 것이니 혹 이를 미워하고 저를 사랑하거나 혹 이를 중히 여기고 저를 경히 여김이라 너희가 하나님과 재물을 겸하여 섬기지 못하느니라"(마 6:19~24).

03

사랑을 아는 투자가

> 돈을 남에게 주면 돈이 없어지지만 사랑은 주면 사랑이 더 많이 남
> 는다. 이것이 바로 돈과 사랑의 차이다.

템플턴상 제정과 존 템플턴 재단 설립

템플턴 펀드가 눈부신 성공을 거두는 동안 템플턴은 그 성공을
정신적 영역으로 확대하고자 애썼다. 그는 자신이 투자자로서
의 직업의식과 신앙을 하나로 합친 결과 더욱 빛나는 성과를 얻
을 수 있었다고 믿었다. 그는 하루 일과 중에서 사업에 투자하
는 시간과 교회나 자선사업에 관련된 일을 하는 시간을 똑같이
나누었다. 그것은 1960년대부터 지켜온 그의 삶의 양식이었다.

자신의 성공이 신앙의 힘으로 이루어졌다고 믿은 템플턴은 훌륭한 교육을 받고 큰 성공을 거둔 주변 친구들이 하나님을 잘 모르는 것이 늘 안타까웠다. 템플턴은 종교 분야에서 놀라울 정도로 새로운 일이 벌어지는데도 종교를 재미없고 시대에 뒤떨어진 구습이라고 생각하는 친구들을 깨우쳐 줄 수 있는 무언가가 필요하다고 생각했다. 그리고 1972년에 '템플턴 종교 공헌상'을 제정했다. 그는 뛰어난 인물을 찾아내서 그 사람을 널리 알리는 것이 자신이 할 수 있는 최선의 일이라고 생각했다. 그것은 그 인물을 위해서라기보다는 그 인물을 통해 감동을 얻게 될 수많은 사람을 위해서였다

노벨상보다 훨씬 많은 100만 달러의 상금을 수여하는 템플턴상의 심사위원은 모두 아홉 명이다. 세계 5대 종교인 개신교, 가톨릭, 불교, 이슬람, 힌두교에서 최소한 한 명씩 참여시키고 절반 이상은 성직자가 아닌 사람으로 구성했다. 그렇게 해야 심사위원단이 새로운 사상에 더욱 열린 마음으로 접근할 수 있다고 생각했다. 또 템플턴은 여러 종교 단체로부터 후보자를 추천받고 검증할 수 있는 시스템을 만들었다. 시상자는 엘리자베스 2세 여왕의 부군인 필립 공이 선정되어 1973년 첫 시상식부터 해마다 시상하고 있다.

첫 번째 수상자는 테레사 수녀였다. 그 후 빌리 그레이엄 목사, 알렉산더 솔제니친, 마이클 노박 등 종교나 직업에 상관없이 신앙과 정신의 영역에서 업적을 남긴 인물에게 상을 주었다. 우리나라에서는 한경직 목사가 1992년도에 템플턴상을 받았다. 템플턴상은 평생 추구해왔던 삶의 법칙과 사랑을 실천한 뛰어난 사람을 선정해 알리자는 취지였으며 2003년부터는 정신의 영역에서 과학적 탐구 노력으로까지 범위를 넓혀서 수상자를 선정하고 있다.

템플턴상이 '종교계의 노벨상'이라고 불릴 만큼 그 권위를 인정받자 템플턴은 과학과 종교의 연관성을 규명하고 개발하고자 하는 차원 높은 욕구를 느꼈다. 1987년에 존 템플턴 재단을 설립한 것도 그 때문이다. 그는 새로운 정신적 지식을 찾기 위해 과학자, 의학자, 철학자, 자선사업가, 신학자 그 외 분야의 학자들이 연구하도록 지원하고 있다. 자연에 내재하는 모든 것이 신의 섭리를 보여준다고 믿은 그는 지구의 다양한 생명체가 하나님의 피조물이라는 것을 과학적으로 증명하고 싶었다.

존 템플턴 재단은 세상의 다양성을 인정하고, 그 안에서 근본적으로 작용하는 창조의 숨은 뜻을 찾아내며 영적인 지식을 발전시켜 무한한 존재인 하나님을 진정으로 만나는 사업을 벌여나갔다. 템플턴은 누구보다 학구적이었고 치밀하게 계산하며 인생을 살았다. 그는 중요한 사람이 되는 것보다, 좋은 사람이 되는 것이 더욱 의미가 있다고 믿었다. 템플턴은 이에 대해 다음과 같이 말했다.

"중요한 사람이 되는 것은 좋은 일이지만, 좋은 사람이 되는 것이 더 중요하다.' 이런 믿음으로 살아갈 때 참된 소망이 성취되는 선순환을 시작할 수 있다. 우리가 다른 사람에게 행한 것은 반드시 우리에게 그대로 돌아온다. 친절하고 관대하고 온화하고 정직하게 열린 마음으로 다른 사람을 대하면 그 사람도 우리를 같은 방식으로 대접해 준다. 다른 사람에게 우리가 얼마나 중요한 사람인지는 다른 사람을 겁먹게 하는 전술이 아니라 그들을 진심으로 생각하고 있음을 행동으로 보여 주는 데 달려 있다. 다른 사람에 대한 배려라는 황금 실로 삶을 짜갈 때 진실로 영향력 있는 삶을 부산물로 얻게 된다.

다른 사람에게서 그 사람이 모르는 큰 잠재력이나 가능성, 또는 능력을 발견한 적이 있는가? 그 사람에게 당신이 발견한 그 잠재력을 알려줄 때, 당신은 당신 안에 먼저 존재하는 사랑스럽고 아름다운 어떤 재능이나 품성을 일깨우는 것이다.

내가 50년 이상 관찰한 결과 회사 내에서 직급이 높아질수록 좋은 사람들이 차지하는 비중도 커진다는 것을 알았다. 아마도 그들 역시 중요한 사람이 되는 것은 좋은 일이지만, 좋은 사람이 되는 것이 더욱 중요하다는 사실을 터득하고 있을 것이다!"

"그는 시냇가에 심은 나무가 철을 따라 열매를 맺으며 그 잎사귀가 마르지 아니함 같으니 그가 하는 모든 일이 다 형통하리로다"(시 1:3).

04

받은 축복을 돌려주다

당신에게 주어진 재능과 재산은 결코 당신 혼자만의 것이 아니다. 당신은 인류의 더 나은 내일을 위해 재능과 재산을 잠시 빌려 쓰고 있을 뿐이다. 좋은 뜻의 행동, 친절하고 관대한 행동에는 반드시 성공이 뒤따른다. 당신이 받는 것은 축복이다. 이제 당신의 삶을 통해 이 축복을 돌려주어야 한다.

과학으로 신을 증명할 수 있을까

신앙에 대한 템플턴의 시각은 아주 독보적이고 새로웠다. 템플턴은 과학이 발달하면서 점점 더 벌어진 종교와 과학의 골을 메워야 한다고 생각했다. 그의 생각은 모든 자연계의 현상을 종교적으로 해석할 수 있고, 과학을 통해 종교를 해석할 수 있다는 논리였다. 템플턴은 영적인 지식을 발전시켜 나가면 하나님의 창조 비밀을 알 수 있다고 생각하고 영적인 지식을 찾기 위한 과학적인 연구에 투자했다. 그는 과학이 증명한 진화의 역사를 부인하지 않았다. 그의 목적은 진화의 과학을 밝히는 것이며, 진화의 역사 한가운데 하나님이 있다는 것을 증명하는 데 있었다.

템플턴이 보기에 인류 진화의 역사는 경탄할 만했다. 인류의 지적 발달은 대단했다. 갈수록 빨라지는 지적 발달의 속도는 경이로울 정도다. 물리학, 천문학, 화학, 생명과학 등의 분야에서 이루어진 수많은 발견은 우리 자신과 우주를 바라보는 시각을 완전히 바꾸어놓았다. 많은 과학자가 과학을 통해 조물주가 자신의 모습을 나타낸다는 것을 인식했고, 과학적 연구의 결과는 더 큰 실재를 알려줄 수 있다고 믿었다. 템플턴은 요한복음에 나오는 예수의 말씀이 그 증거라고 생각했다.

> "너희가 내 말에 거하면 참으로 내 제자가 되고 진리를 알지니 진리가 너희를 자유롭게 하리라 그들이 대답하되 우리가 아브라함의 자손이라 남의 종이 된 적이 없거늘 어찌하여 우리가 자유롭게 되리라 하느냐 예수께서 대답하시되 진실로 진실로 너희에게 이르노니 죄를 범하는 자마다 죄의 종이라 종은 영원히 집에 거하지 못하되 아들은 영원히 거하나니 그러므로 아들이 너희를 자유롭게 하면 너희가 참으로 자유로우리라"(요 8:31~36).

과학이 이룬 놀라우면서도 신비로운 발견과 그 결과의 중요
성을 알고 있던 템플턴은 다음과 같이 말했다.

"하나님의 존재를 증명하기 위해서는 기적과 같은 초자연적
인 현상이 필요하다고 생각하는 사람들이 있다. 그러나 자연
의 섭리와 법칙은 하나님이 당신의 멈추지 않는 창조적 목적
에 따라 계획하신 수단에 불과하다. 또 우주가 혼돈이 아닌 질
서를 보여준다는 사실은 보이지 않는 정신을 무시한 채 어떤
대상의 본질을 파악하려 한다면 아무런 성과도 얻지 못할 거
라는 점을 의미한다. 우리는 과학자들이 자연의 법칙을 새로
이 발견할 때마다 하나님에 대해, 또 하나님께서 쉬지 않고 창
조물을 만들어 가는 방식에 대해 조금 더 배우는 것이다."

자신을 낮추고 비우라

템플턴은 우리가 영혼이 있는 존재임을 세상 사람들이 깨닫기
를 바랐다. 그는 인간의 몸을 비롯해 우주 전체가 물질로 만들
어진 것 같지만, 세상을 움직이는 것은 영혼을 가진 존재라고
생각했다. 그는 우리가 알아야 할 가장 중요한 것은 우리의 영
혼 그 자체가 이 우주의 창조자인 하나님과 어떻게 관계를 맺고

있는지를 아는 것이라고 말한다.

현대에 이르러 인류가 목격하는 우주의 드라마는 장엄하다. 마치 기적과도 같다. 또한, 경이롭게도 인간 마음속에 자기 자신과 우주, 그리고 조물주에 대한 지식이 폭발적인 속도로 축적되어 가고 있다. 많은 과학자와 신학자는 현재 진행형의 창조 드라마에서 우주 자체가 조물주의 섭리에 따르고 있다는 것을 믿을 수밖에 없음을 깨닫고 있다.

템플턴은 날카로운 분석력과 책임감, 세계를 바라보는 넓은 시야로 탁월한 투자 전략을 보여 주었던 것처럼 오늘날 과학과 신학의 세계에서 벌어지는 새로운 현상에서 인류의 진정한 정신을 찾고자 했다. 그는 우리의 영적인 발전 속도가 이제 가속화를 시작한 단계라고 생각했다. 현재 나타나는 지적인 차원에서의 급속한 변화, 특히 과학 분야에서의 변화는 템플턴에게 새로운 시각을 갖도록 했다. 그것은 인간이 우주에서 어떤 존재인가에 대한 것이다.

그는 영적인 이해라는 차원에서 제2의 르네상스라고 부를 만큼 거대한 진전을 이룰 것이라고 주장하며 "의인의 입은 지혜로우며 그의 혀는 정의를 말하며 그의 마음에는 하나님의 법이 있으니 그의 걸음은 실족함이 없으리로다"라는 시편 37장 30절에서 31절 말씀이 그 증거임을 강조했다.

1987년 이후 템플턴이 제안한 새로운 아이디어들은 '겸허의 신학'이라는 말과 함께 존 템플턴 재단의 주요 프로그램이 되었다. 겸허의 신학은 하나님을 향해 새로운 의미에서 자신을 낮추고 비우는 자세를 갖는 것을 목표로 한다.

최근 '과학신학'이라는 새로운 신학 개념이 등장했다. 과학신학은 모든 자연현상은 조물주를 보여 주고 그리스도는 인간에게 하나님을 계시하기 위해 오셨다고 믿는 것이다. 또한, 자연과학자들이 천문학이나 소립자 영역을 관찰하는 토대 위에서 조물주에 대해 깊이 성찰하는 방식으로 사람의 마음과 같은 보이지 않는 실체에 대해 탐구하며 하나님을 깊이 고찰하자는 것이다. 템플턴은 우리의 목표는 실증적이며 통계적인 과학의 방식에 따라 영적인 지식을 찾아내는 새로운 과학이 되어야 한다며 이러한 목표를 '겸허의 신학과학'이라고 이름 지었다.

"여호와께서 모세에게 이르시되 너는 소합향과 나감향과 풍자향의 향품을 가져다가 그 향품을 유향에 섞되 각기 같은 분량으로 하고 그것으로 향을 만들되 향 만드는 법대로 만들고 그것에 소금을 쳐서 성결하게 하고 그 향 얼마를 곱게 찧어 내가 너와 만날 회막 안 증거궤 앞에 두라 이 향은 너희에게 지극히

거룩하니라 네가 여호와를 위하여 만들 향은 거룩한 것이니
너희를 위하여는 그 방법대로 만들지 말라 냄새를 맡으려고
이같은 것을 만드는 모든 자는 그 백성 중에서 끊어지리라"(출
30:34~38).

05

기도가
성공의 비결

도덕성과 정신적인 삶의 원칙은 우리가 인생을 살아가면서 행하는 모든 것의 기본이 되어야 한다. 우리가 말하는 모든 것, 생각하는 모든 것이 그래야 한다. 우리의 행동도 이 원칙에 기초해야 한다. 투자 역시 예외가 아니다.

하나님의 뜻에 맡기고 최선을 다하라

템플턴은 성공 비결을 묻는 말에 이렇게 대답했다.

"가장 중요한 것은 기도였습니다. 하나님께 감사드림으로써 우리는 더욱 강한 힘을 얻을 수 있고, 이 힘으로 우리의 통찰력은 한층 깊어지고 일의 결과도 한 차원 높아집니다."

기도에 대한 이 같은 자세는 템플턴이 하나님을 어떻게 생각하는지를 알려준다. 그가 생각하는 하나님은 창조자이면서 무한의 존재다. 그는 기도를 통해 하나님과 대화하고 하나님과 하나가 되고자 노력한다면 사업은 물론이고 우리가 살아가면서 행하는 모든 일에 성공할 것이라고 믿었다. 그는 잠자리에 들기 전, 이렇게 기도했다.

"하나님 저는 최선을 다했습니다. 이제 제가 내린 결정으로 저를 인도해 주십시오."

그러면 다음 날 자신이 전날 생각했던 것보다 더 좋은 해결책이 떠오르곤 했다. 기도를 드림으로써 그의 정신은 맑아졌고, 깊이 있는 통찰력을 얻었다. 그 힘이 있었기에 자기 자신과 다른 사람들을 더욱 깊이 바라볼 수 있었다. 그는 기도가 없었다면 오늘과 같은 뛰어난 성공을 이뤄낼 수 없었을 거라고 말한다.

템플턴은 재물은 우리 것이 아니고 하나님의 것이라는 사실을 누구보다 잘 알고 있었다. 그는 재물은 하나님께 속한 것으로 우리는 다만 그것을 맡아서 관리하는 청지기임을 알았다. 그는 십일조보다도 더 많은 자산을 교회와 사회에 내놓았다. 그는 처음에는 십일조만 드렸지만, 말년에 이르러서는 십분의 팔을

십일조로 복 받은 세계 부자들

바쳤다. 템플턴은 2008년 7월, 95세로 길고 청빈했던 청지기의 생을 마감했다.

템플턴은 십일조에 대해 투철한 의식이 있었다. 그는 〈십일조가 부와 명예를 가져다줄 수 있다〉는 글에서 자기 생각을 정리해 놓았다.

"바로 이 순간에도 수많은 사람이 경제적인 치유를 원하고 있다. 경제적인 스트레스를 벗어나고, 경제적으로 치유되는 가장 빠른 방법은 십일조다! 십일조는 우리 삶을 풍요롭게 하며 치유하는 활동이다. 십일조는 자신의 것을 베푸는 지속적인 방법이면서, 우리 삶의 풍성함을 지키는 지속적인 방법이다. 이런 지속성을 통해 우리 정신은 공급과 풍요, 더 많은 베풂을 향한 인식을 구축할 수 있다. 나는 일생 동안 수많은 가정을 지켜봤다. 10년 이상 꾸준히 십일조를 한 가정은 거의 예외 없이 풍요롭고 행복했다. 십일조는 모든 사람에게 알맞은 하나의 투자 방법이다."

17가지 성공 투자 원칙

그는 약 1세기를 살아오는 동안 전설적인 투자자로 막대한 부를 얻었고 자신이 진정 가치가 있다고 느끼는 것을 충족하기 위해 돈을 썼다. 그는 이것이 바로 자신의 행복에 숨겨진 비밀이라고 말한다. 투자에서의 성공과 가장 높은 차원에서의 행복을 이룬 그는 단순한 부자가 아니다. 그는 부모로부터 많은 유산을 물려받지도, 자선사업가의 도움을 받지도 않았다. 말 그대로 자수성가한 사람이다.

템플턴은 진정한 성공적인 삶이 무엇인지 그 비밀을 몸으로 터득했다. 그리고 어떻게 한 사람의 부가 내적인 가치와 추진력을 만족스러울 정도로 넓혀주는지 잘 보여주었다. 다음은 그를 성공으로 이끌어 준 투자 원칙이다.

1. 최종 수익률로 평가하라.
2. 투기가 아니 투자를 해라.
3. 개방적인 자세로 다양한 상품을 찾아라.
4. 저가일 때 매수하라.
5. 좋은 주식인지 살펴라.
6. 개별 종목의 가치에 주목하라.
7. 위험을 분산하라.

십일조로 복 받은 세계 부자들

8. 지적 역량을 강화해라.

9. 항상 주의를 게을리하지 말라.

10. 공황 상태에 빠지지 마라.

11. 같은 실수를 되풀이하지 마라.

12. 기도로 마음을 다스려라.

13. 평균수익률을 넘기가 얼마나 어려운지 알라.

14. 겸손해져라.

15. 세상에는 공짜는 없다.

16. 시장을 긍정적인 시각으로 바라보라.

17. 선을 행하면 반드시 그에 따른 보답을 받는다.

"믿음은 바라는 것들의 실상이요 보이지 않는 것들의 증거니 선진들이 이로써 증거를 얻었느니라 믿음으로 모든 세계가 하나님의 말씀으로 지어진 줄을 우리가 아나니 보이는 것은 나타난 것으로 말미암아 된 것이 아니니라"(히 11:1~3).

마흔다섯 살의 나이에 창업해서 세일즈 여왕이 된 여인, 메리 케이 애시. 그녀의 최대 목표는 '여성들에게 어떤 곳에서도 찾을 수 없는 기회를 제공하자'였다. 그녀는 아름답고 행복한 삶은 하나님과 가족과 일의 조화 속에서 이루어진다고 확신하고 독특한 기업 마인드를 제시했다. 하나님이 첫째, 가족이 둘째, 일이 셋째다. 메리 케이가 나이를 먹어 가며 느낀 진실은 삶에 대해 올바른 전망을 한 사람은 무슨 일을 하든 성공한다는 것이다.

Part 5

꿈을 심어주는 긍정의 핑크 리더십

메리 케이 애시

Mary Kay Ash

1918~2001

사람은 시작 단계부터 직접 관여한 일은 끝까지 지지하는 성향이 있다.
윗사람이 아무리 면밀하게 논리적으로 계획해서 제시하더라도
직원에게는 단지 명령에 지나지 않는다. 하지만 아이디어의 시작 단계부터
직원이 참여하면, 같은 아이디어라도 그것은 그 직원의 '개인적 사명'이 된다.

메리 케이 애시

미국이 낳은 최고의 여성 사업가

메리 케이 애시, 그녀는 누구인가?

불우한 가정에서 자라 열일곱 나이에 결혼.

첫 직장의 연례 직원 총회에 가기 위해 기차 요금을 빌려 참석했을 정도로 가난한 여인.

얼굴도 모르던 사장에게 다가가 내년에는 반드시 세일즈 여왕이 되겠다고 말하고 그 약속을 지킨 여인.

마흔다섯 살에 전 재산 5,000달러를 투자해 여성을 위한 꿈의 회사 '메리케이 코스메틱'을 창업.

1999년 온라인 투표를 통해 '20세기의 가장 영향력 있는 여성'으로 선정.

베일러 대학교가 제정한 '미국 역사상 가장 위대한 여성 기업가상' 수상.

20세기 미국이 낳은 최고의 여성 사업가이자 자선사업가.

위의 내용은 현재 뷰티 컨설턴트가 130만 명에 이르는 세계적인 다국적 화장품 회사 '메리케이 코스메틱'의 창업주 메리 케이 애시의 프로필이다. 그녀가 1963년 메리케이 코스메틱을 세우면서 정한 목표는 여성에게 어떤 곳에서도 찾을 수 없고 제한이 없는 성공 기회를 제공하는 것이었다. 그 당시 미국 여성은 대부분 변변한 직업을 갖기 어려웠다. 첫 남편과 헤어진 후 시련을 겪으면서 여성의 직업 선택과 복지를 생각한 그녀는 남성 위주의 기업 문화 속에서 여성의 영역을 찾아주고자 회사를 설립했다.

그녀는 아름답고 행복한 삶은 하나님과 가족과 일의 조화 속에서 이루어진다고 확신하고 아주 독특한 기업 마인드를 제시했다. 하나님이 첫째, 가족이 둘째, 일이 셋째다. 직장이란 삶의 목적을 달성하기 위한 수단에 불과하며, 가정이 없다면 일하는 의미가 없고, 하나님을 우선하지 않는 삶은 의미가 없다고 그녀는 생각했다.

그녀는 '독립뷰티컨설턴트'라는 새로운 방식의 마케팅으로 여성들의 삶의 가치가 실현되는 회사를 꿈꾸었다. 그리고 인생 황혼기에 '위대한 기적'을 일으켰다.

"당신이 위대한 일이 일어나길 바란다면 정말로 위대한 일이 일어난다"고 입버릇처럼 말하던 그녀는 어디에서 힘을 얻었을까? 하나님에 대한 사랑과 일과 삶에 대한 열정이었다. 그리고 그녀의 신념과 열정은 메리케이 코스메틱을 세계 최대의 다국적 화장품 회사로 만드는 주춧돌이 되었다.

"당신도 할 수 있다! You can do it!" 이것이 메리케이 코스메틱의 사훈이다.

메리 케이 애시는 〈포브스〉지가 선정한 '역사상 가장 위대한 비즈니스 영웅 20인'에 세계적인 사업가 존 록펠러, 헨리 포드, 빌 게이츠 등과 함께 여성으로서는 유일하게 선정되었다. 1985년에는 '미국의 가장 영향력 있는 여성 25명'에 선정됐고, 1996년에는 미국 비즈니스 명예의 전당에 이름을 올렸다. 전문가들은 전 세계에서 가장 성공한 여성 사업가로 메리 케이 애시를 꼽는다.

"내가 궁핍하므로 말하는 것이 아니니라 어떠한 형편에든지 나는 자족하기를 배웠노니 나는 비천에 처할 줄도 알고 풍부에 처할 줄도 알아 모든 일 곧 배부름과 배고픔과 풍부와 궁핍에도 처할 줄 아는 일체의 비결을 배웠노라"(빌 4:11~12).

01

주저앉는 것을
모르는 여자

신은 아무런 가치가 없는 사람을 만들 시간이 없다. 신은 의미 있는
사람만 만든다.

그래, 할 수 있어!

메리 케이 애시는 1918년 텍사스 주 휴스턴에서 태어났다. 그
녀의 어린 시절은 매우 불우하고 고단했다. 그녀가 일곱 살이
되던 해 아버지가 결핵에 걸려 어머니가 가족의 생계를 책임져
야 했다. 어머니는 휴스턴 시내의 레스토랑에서 지배인으로 일
했는데 이름만 지배인이지 월급은 적고 하는 일은 많았다. 어머
니는 새벽에 집을 나가 저녁 9시가 넘어 돌아왔기 때문에 제대

로 얼굴을 보지 못할 때도 잦았다. 오빠와 언니가 있었지만, 따로 나가 살아 어린 메리 케이가 어머니를 대신해 집안일을 하고 아버지를 간호했다.

어머니가 늦게 들어오는 날에는 가끔 식사 준비도 해야 했는데 메리 케이는 그때마다 어머니에게 전화를 걸어 요리를 어떻게 해야 하는지 물어보았다. 어린 딸에게는 식사 준비가 벅찬 일이라는 것을 잘 알고 있던 어머니는 그녀가 해야 할 일들을 일러주며 격려를 잊지 않았다.

"메리 케이, 넌 할 수 있어."

일곱 살짜리 어린아이는 그 나이 또래가 하기 힘든 일들을 배워 나갔다. 메리 케이는 생필품을 사기 위해 혼자 전차를 타고 휴스턴 시내를 다녀오기도 했다. 처음에는 전차를 제대로 탈 수 있을지, 길을 잃지는 않을까 걱정했지만 어머니의 말이 떠올랐다.

"메리 케이, 너는 할 수 있어."

어머니는 언제나 확신 있게 이 말을 해 주었다. 물론 어머니도 연약한 어린 딸이 겪어야 할 어려움을 잘 알고 있었다. 그러나 마음속의 걱정을 드러내지 않고 언제나 딸에게 용기를 불어넣어 주었다.

"남들이 할 수 있는 일이라면 너는 더 잘해낼 수 있어."

어머니의 이 말씀은 그녀를 평생 지탱해 주었고, 그녀가 리더가 되는 데 큰 힘이 되었다.

중학생이 된 메리 케이는 늘 A로 가득한 성적표를 어머니에게 보여드렸다. 어머니는 형편이 어려운 가정에서도 공부를 잘하는 것을 대견해 하며 기뻐했다. 그 무렵 메리 케이는 언제나 가치 있는 것을 선택해야 한다는 생각을 하기 시작했고, '타자 치는 법'과 '즉석연설', '토론하는 법'을 배우며 자신에게 이것이 재능이 있음을 발견했다.

그녀가 처음 도전한 것은 타자였다. 담임선생님은 메리 케이에게 타자 치는 일을 시키며 훌륭한 타자원이 될 수 있다고 격려해 주셨다. 당시는 타자기값이 매우 비쌌기 때문에 가난한 그녀는 살 엄두도 내지 못했다. 그런데 어머니가 '우드 스톡' 타자기를 사주었다. 무리해서라도 딸의 재능을 키워 주고 싶었던 것이다. 그 타자기는 메리 케이에게 가장 소중한 물건이 되었다. 어머니는 딸의 성장을 위해서라면 무엇이든 지원해 주려 했고 자신의 방식대로 교육했다. 메리 케이는 어머니의 희생 덕분에 우수한 타자원이 받는 상을 받기도 했다.

메리 케이는 즉석연설을 잘하고 싶어 했다. 그녀가 타자를 배울 때처럼 선생님은 격려를 아끼지 않았고 친절하게 지도해 주었다. 그 덕분에 메리 케이는 주 웅변대회에 나가 2등을 차지하기도 했다. 메리 케이는 고등학교에 진학해서는 토론에 관심이 많았다. 그녀는 학교에 토론 반이 생기자 곧바로 참여해 두각을 나타내었다. 이 세 가지는 훗날 사업가가 된 메리 케이에게 큰 도움이 되었다.

자신의 의견을 호소력 있게 전달하는 능력이 있던 메리 케이는 고등학교에 진학한 후에도 전 과목에서 A 학점을 받기 위해 노력했다. 그녀는 대학에 진학해 의사가 되고 싶었지만 어려운 가정 형편 때문에 대학을 포기할 수밖에 없었다. 또한, 장학금을 받아 다녀볼 생각도 했지만, 당시 대학들은 장학금 제도가 충분하지 않았다.

시련이 기회가 되다

대학 진학을 포기한 메리 케이는 대학생이 된 친구들에게 뒤지지 않으려면 어떻게 해야 하는지 생각했다. 그것은 뭔가 굉장한 일이어야만 했다. 이제 겨우 열일곱 살 소녀가 대학에 들어가지 않고도 할 수 있는 굉장한 일이란 무엇일까. 그녀는 과감하게 결혼을 선택했다. 마침 휴스턴의 유명한 라디오 스타였던 벤 로저스가 그녀에게 프러포즈를 했다. 어린 그녀는 매력적이고 잘생긴 그에게 푹 빠지고 말았다. 그와의 결혼생활은 이전에는 경험하지 못했던 화려함과 흥분으로 가득 차 있었다. 그녀는 비록 대학에는 가지 못했지만 그와 함께할 수 있다는 사실이 무척이나 자랑스러웠다. 하지만 그 행복은 오래가지 않았다. 남편은 음악 활동을 핑계로 전국을 떠돌았고, 제2차 세계대전이 일어나자 군대에 자원했다. 전쟁이 끝난 후 집에 돌아와서는 다른 여자를 사귀었다. 결국, 두 사람은 이혼했다. 한 남자의 아내이자 세 아이의 엄마로 자부심을 느끼며 살아가던 그녀는 뼈저린 좌절감을 느꼈다. 그것은 그때까지 겪은 일 중에서 가장 충격적인 사건이었다.

여성이 할 수 있는 일이 별로 없고 남녀 차별이 심했던 그 시대에 그녀는 혼자 세 아이를 키우며 많은 고생을 했다. 그녀 인생에서 가장 어려운 시기였다. 하지만 커 가는 아이 셋을 보고 자기 인생을 비관만 하고 있을 수는 없었다.

메리 케이는 직장을 구하려 했지만, 아이를 키우면서 할 수 있는 일은 별로 없었다. 그러나 얼마 후 기회가 찾아왔다. 한 외판원이 아동용 서적을 판매하기 위해 그녀 집을 방문한 것이다. 메리 케이는 아이들에게 책을 사주고 싶었지만 돈이 없었다. 그러자 외판원은 책 열 세트를 팔아 주면 그 보답으로 한 세트를 주겠다고 했다. 그 말을 듣고 친구들과 가까운 이웃들에게 전화

십일조로 복 받은 세계 부자들

를 걸어 다음 날 저녁까지 책 열 세트를 모두 팔았다. 책 내용을 보고 산 친구는 단 한 명도 없었다. 그저 그녀의 설명만 듣고 결정한 것이다. 그녀의 열정적인 모습에 감탄한 판매원은 메리 케이에게 판매 사원으로 일해 보는 것이 좋겠다고 말했다. '세일즈의 여왕' 메리 케이의 새로운 인생은 이렇게 시작되었다.

1938년, 그녀는 댈러스에 본사를 둔 '스탠리 홈 프로덕트'에 취직해 방문판매 경험을 쌓아 나갔다. 시간을 스스로 관리할 수 있는 세일즈는 혼자 아이를 키우는 그녀에게 최상의 직업이었다. 열정이 넘쳤던 그녀는 판매에서 뛰어난 능력을 발휘했다. 바쁜 생활을 하면서도 성경을 가까이하며 하나님께 감사하는 생활을 잊지 않았다.

> "주 안에서 항상 기뻐하라 내가 다시 말하노니 기뻐하라 너희 관용을 모든 사람에게 알게 하라 주께서 가까우시니라 아무 것도 염려하지 말고 다만 모든 일에 기도와 간구로, 너희 구할 것을 감사함으로 하나님께 아뢰라 그리하면 모든 지각에 뛰어난 하나님의 평강이 그리스도 예수 안에서 너희 마음과 생각을 지키시리라"(빌 4:4~7).

세일즈 여왕에게 좌절은 없다

메리 케이가 일을 시작한 지 얼마 되지 않아 댈러스에서 연례 직원 총회가 열렸다. 부족한 것을 배울 수 있는 최고의 기회라고 생각한 메리 케이는 총회에 참석하고 싶었다. 그러나 그녀는 차비도 없을 정도로 가난했다. 어렵사리 기차 요금을 빌린 그녀는 여행용 가방도 없어서 샘플용 가방에 옷가지와 세면용품을 넣어 출발했다. 훗날 메리 케이는 직원 총회 때 받은 인상에 대해 이렇게 말했다.

> "그곳에서의 사흘이 내 인생을 완전히 바꾸어놓았어요. 나는 회의실 맨 끝줄에 앉아 최고의 실적을 올린 세일즈 우먼이 왕관을 쓰는 것을 지켜봤어요. 세일즈 여왕 자리에 앉고 싶다는 생각만 했지요. 내가 있어야 할 자리가 거기라고 생각했어요. 여왕은 모든 면에서 나와는 너무나 달랐어요. 날씬하고 키도 크고 짙은 갈색 머리카락을 지닌 여성이었죠. 그러나 나는 키가 작고 날씬하지도 않았어요. 세일즈 여왕이 머리에 쓴 왕관과 부상으로 받은 악어가죽 백에 매료되어 그 순간 내년에는 반드시 내가 여왕이 되겠다고 다짐했어요."

당시 스탠리 홈 프로덕트는 판매 직원에게 '큰 포부를 가져라', '나아갈 길을 찾아라', '다른 이에게 자신의 목표를 공개하라' 이 세 가지 사항을 강조했다.

목표를 다른 사람에게 공개하는 시간에, 메리 케이는 사장에게 직접 자기 목표를 말하는 것이 좋겠다는 생각이 들었다. 그녀는 처음 본 사장에게 당당하게 걸어가서 말했다.
"내년에는 반드시 제가 세일즈 여왕이 되겠어요."
사장은 그녀의 눈을 똑바로 바라보며 말했다.
"좋아요. 당신은 분명 세일즈 여왕이 될 수 있을 겁니다."
사장은 메리 케이의 손을 힘주어 잡고 꼭 목표를 달성하라고 한 번 더 말해 주었다.
탁월한 판매 능력과 승부 근성으로 메리 케이는 다음 해에 약속대로 세일즈 여왕이 되었고, 판매 직원 열 명을 관리하는 간부가 되었다.

업계에서 능력을 인정받은 메리 케이는 단순한 매니저가 아닌 그 이상의 능력을 발휘하기 위해 1952년, 좀 더 큰 회사인 '월드기프트'로 옮겼다. 그리고 그곳에서 11년간 직원 교육을 담당하는 책임자로 일했다. 1963년, 교육 담당 국장으로 있던 그녀는 자신이 가르친 남자 직원이 자신보다 두 배나 많은 보수를 받고 승진하는 것에 충격을 받았다. 그녀는 여자는 아무리 일을 잘해도 더 높이 올라갈 수 없는 '유리천장(Glass Ceiling, 보이지 않는 장벽)'이 있다는 것을 깨닫고 절망했다.

메리 케이는 미련 없이 회사를 그만두었지만 심한 우울증에 빠졌다. 세일즈 업계에 25년간 몸담아 왔던 베테랑인 그녀가 일을 그만두었으니 자괴감과 상실감에 시달리는 것은 당연했다. 그녀는 훗날 당시 심정을 이렇게 고백했다.

"그때보다 더 비참한 시절은 아마 없었을 것이다. 인생이 끝났다고 생각했다. 나는 마치 거리를 떠돌아다니는 유령 같았다."

그녀는 남성 중심의 사회에서 기회를 박탈당한 억울함을 다음과 같이 털어놓았다.

"남자들은 여자도 동등한 존재라는 걸 인정하려 들지 않았다. 남자들은 여자들이 뭔가 할 수 있다는 것을 믿지 않았다. 그렇기에 여자는 결코 기회를 얻지 못할 거라는 사실을 그때 알게 되었다."

그러나 메리 케이는 주저앉지 않았다. 그녀는 고린도후서 7장 11절의 "보라 하나님의 뜻대로 하게 된 이 근심이 너희로 얼마나 간절하게 하며 얼마나 변증하게 하며 얼마나 분하게 하며 얼마나 두렵게 하며 얼마나 사모하게 하며 얼마나 열심 있게 하며 얼마나 벌하게 하였는가 너희가 그 일에 대하여 일체 너희 자신의 깨끗함을 나타내었느니라"라는 말씀을 생각하며 근심에서 벗어났다.

그녀는 자신이 잘할 수 있는 일과 극복해야 할 것들을 종이에 적었다. 그리고 그간 판매 경험과 노하우를 책으로 내야겠다고 생각했다. 책의 제목을 '꿈의 회사'로 정하고 원고를 써나가던 그녀는 이것이 사업계획서에 가깝다는 사실을 깨달았다. 그리고 자신이 직접 직판회사를 설립하기로 했다. 여성들에게 좀 더 많은 기회를 주는 '꿈의 회사'를 세우기로 마음먹은 것이다.

"내가 궁핍하므로 말하는 것이 아니니라 어떠한 형편에든지 나는 자족하기를 배웠노니 나는 비천에 처할 줄도 알고 풍부에 처할 줄도 알아 모든 일 곧 배부름과 배고픔과 풍부와 궁핍에도 처할 줄 아는 일체의 비결을 배웠노라"(빌 4:11~12).

02

꿈의 회사를
차리다

마음이 무언가를 품고 믿는다면, 그것을 이룰 수 있다.

하나의 문이 닫히면 다른 문이 열린다

1963년, 메리 케이는 지난 25년간 남성 위주의 기업문화가 지배하던 일터에서 얻은 교훈과 경험을 토대로 회사를 차렸다. 그녀의 최대 목표는 '여성들에게 어떤 곳에서도 찾을 수 없는 기회를 제공하자'였다. 메리 케이는 회사의 뼈대를 세우면서 피부와 관련된 사업이 좋겠다는 생각으로 화장품을 판매 품목으로 정했다.

십일조로 복 받은 세계 부자들

그녀는 아홉 명의 뷰티 컨설턴트를 고용해 모든 역량을 쏟아부었다. 세일즈 경험이 풍부했던 그녀는 뷰티 컨설턴트의 교육과 관리를 직접 맡았고, 회사 경영에 필요한 세부적인 사항은 남편 조지의 도움을 받았다. 그리고 '메리 케이가 만든 아름다움'이라는 상표의 제품을 만들었다. 그녀는 '메리케이 뷰티 쇼'를 열어 상품을 보여 주고 구매자가 직접 판단하도록 했으며, 직판회사에서 일하며 겪은 불공정한 경험을 자신의 직원들은 겪지 않게 하려고 애썼다. 그러나 불행은 예고 없이 들이닥쳤다. 회사가 문을 열기 한 달 전에 함께 사업을 준비하던 남편이 갑작스럽게 심장마비로 세상을 떠난 것이다. 엄청난 충격이 밀려왔다. 메리 케이는 막막하기만 했다. 자기 사업을 하는 것이 꿈이었고 모든 일을 혼자서 한다고 생각해 본 적은 없었다. 더군다나 기업을 경영해 본 경험도 없었다. 이제 와서 포기한다면 그동안 준비한 제품과 상표 등 모든 것은 날아가는 것이다. 그녀는 굳게 마음먹고 예정대로 회사를 시작하기로 했다. 슬픔을 잊기 위한 최고의 방법은 일에 몰두하는 것이었다.

그녀가 혼자 사업을 시작하려고 하자 주위 사람들이 말렸다. 재정 업무를 맡아보기로 한 남편이 없는 상황에서 전 재산을 투자하는 것은 너무 위험하다고 했다. 그녀는 변호사와 회계사에게 도움을 청했지만, 그들 역시 고개를 가로저으며 걱정했다.

"지금이라도 정리해서 가능한 현금을 모두 회수하는 것이 좋겠습니다. 그렇지 않으면 파산하고 말 겁니다."

남편의 장례식 날, 휴스턴에 살던 아이들이 댈러스로 왔다. 사업을 계속할 것인가의 여부를 결정하기에 적당한 시기는 아니었지만 메리 케이는 장례식이 끝난 후 자식들과 앞으로의 일을 의논했다. 스무 살인 둘째 아들 리처드는 푸르덴셜 생명보험 회사의 판매대리인으로 근무하고 있었다. 그는 텍사스 주에서 활동하는 가장 젊은 에이전트 중 한 명으로 당시로는 큰 액수인 480달러의 월급을 받고 있었다. 그녀는 아직도 어려 보이기만 한 아들이 자기 일을 훌륭하게 해내는 것이 대견했고 감사했다. 사업을 시작하려면 유능한 아들의 도움이 절실했지만, 그녀는 아들이 받는 액수만큼 월급을 지급할 능력이 없었다. 그녀는 마음을 졸이며 리처드에게 도와달라는 말을 꺼냈다. 리처드는 조금도 망설이지 않고 그렇게 하겠다고 답했다.

그때 스물일곱 살로 두 아이의 아빠였던 큰아들 벤은 리처드처럼 곧바로 모든 것을 정리하고 어머니의 사업에 합류할 수 없었다. 벤은 고등학교 때부터 저축해 왔던 통장을 어머니에게 건넸다. 통장에는 4,500달러가 들어 있었다.

"어머니는 잘하실 거예요. 제가 그동안 저축한 돈인데 조금이라도 보탬이 됐으면 좋겠어요. 언젠가는 저도 어머니와 함께 일하고 싶어요."

아이들의 격려는 메리 케이에게 큰 힘이 되었다. 벤은 8개월 후 메리 케이의 사업이 확장되자 다니던 직장을 그만두고 댈러스로 왔다. 750달러나 되는 월급을 포기하고 리처드와 같이 250달러를 받으며 어머니를 도운 것이다. 나중에는 딸 마릴린이 메리케이 코스메틱의 디렉터가 되면서 온 가족이 함께 일하게 되었다.

1963년 9월 13일, 메리케이 코스메틱은 예정대로 문을 열었다. 하지만 메리 케이는 뷰티 컨설턴트와 재정을 담당할 스무 살 아들이 과연 일을 제대로 해낼지 걱정했다. 지금은 비록 유능한 에이전트지만 리처드가 남편의 빈자리를 완전히 채워줄 수 있을지 의심이 되었다. 그녀는 혼자서 되뇌곤 했다

'기적이 일어나지 않고서야 이 일이 가능할까?'

믿음이 부족했기 때문인지 그때까지 그녀는 하나님께서 기회라는 하나의 문을 닫으시면 또 다른 문을 열어주신다는 사실을 모르고 있었다. 리처드가 얼마나 훌륭하게 일을 처리할지 알지 못했던 것이다. 그러나 하나님은 이미 리처드를 준비시켰고 회사를 키워 나갈 능력도 주셨다. 회사가 문을 열고 5년이 지났을 때 리처드는 미국 마케팅연합회에서 수여하는 '올해의 남성상'

을 받았다. 최연소 수상자였다. 그 무렵 한 친구가 메리 케이에게 이런 말을 했다.

"메리 케이, 나는 하나님께서 메리케이 코스메틱을 지켜주셨다고 생각해. 그래서 성공할 수 있었던 거야."

그녀도 그 말에 수긍했다. 고통이나 고난이 사람을 겸허하게 만든다는 것을 그녀는 알고 있었다.

날 수 없는 땅벌이 나는 것처럼

자본금이 많지 않았던 메리 케이는 댈러스의 작은 상점을 빌려서 사업을 시작했다. 회사 규모도 작고 상품을 보관할 장소도 따로 없어서 손님이 원하는 상품이 떨어지면 창고로 달려가 찾아오는 등 힘들게 일했다. 그러나 그녀는 성공할 수 있다는 자신감으로 새로운 판매 방식을 생각해 냈다. 뷰티 컨설턴트를 도입한 것이다. 뷰티 컨설턴트란 단순히 화장품을 파는 판매원이 아니라 피부 관리 전문가를 의미한다. 이들은 회사에서 상품을 구매해 독립적으로 판매했다. 메리 케이는 그동안의 경험을 통해 방문판매는 이미 낡은 기법이라는 것을 깨달았다. 판매원이 고객을 찾아가는 것이 아니라 고객이 화장품을 찾아서 올 수 있도록 판매 방법을 개선해야 한다고 생각했다. 그래서 뷰티 컨설턴트가 '뷰티 쇼'를 개최해 잠재고객을 모으고, 고객 각자에게 적합한 상품과 올바른 사용법을 알려 주고 효과를 체험하게 했다.

기존 회사들이 백화점 등 매장에서 화장품을 판매할 때 메리 케이는 고객 집에서 뷰티 쇼를 열고 그 자리에서 상품을 판매했다. 여성들이 화장하는 곳이 화장품을 판매하는 가장 편안한 장소라고 생각했기 때문이다.

메리 케이의 이름이 알려지면서 댈러스 시내에 있는 여러 백화점에서 메리 케이에게 입점을 제안했다. 하지만 그녀는 모두 거절했다. 또한, 당시 스탠리 홈 프로덕트 같은 방문 판매회사들이 수십 명의 고객을 불러놓고 모임을 열었지만 메리 케이는 대여섯 명의 고객만을 대상으로 했다. 소수의 고객을 모아 뷰티 쇼를 한 이유는 많은 사람을 동시에 접대할 만큼 커피 잔이 충분히 있는 집이 거의 없고, 여성들은 사람이 많이 모인 곳에서 피부 관리나 메이크업 같은 개인적인 것을 꺼린다는 사실을 잘 알고 있었기 때문이다.

메리 케이의 뷰티 컨설턴트들은 단순히 상품을 파는 것만 아니라 고객의 피부를 진단해 주고, 각 개인의 피부에 맞는 화장법을 알려주었다. 고객들에게 적합한 상품을 권하고 올바른 사용 방법을 알려주면 판매가 늘어날 것이라는 예상은 적중했다.

처음에 5,000달러를 투자해 시작한 사업은 창업 1년 만에 20만 달러의 매출을 올렸다. 경이로운 일이었다. 또한, 메리케이 코스메틱은 설립 2년이 채 못 되어 종업원 수가 1만 명으로 늘어났다.

댈러스에 있는 메리케이 코스메틱 본사를 방문하면 땅벌 모양의 다이아몬드 핀을 꽂은 여성들이 있다. 그들은 성공한 뷰티 컨설턴트들이다. 메리 케이는 스탠리 홈 프로덕트에서 자신의 의욕에 불을 붙인 연례행사를 회사에도 도입했다. 이 연례행사를 통해 뷰티 컨설턴트들의 경쟁을 유도했다. 그리고 우수한 실적을 올린 직원을 격려하기 위해 '성공의 사다리'라는 독창적인 시상 제도를 마련했다. 또한, 인정을 받을 때 자부심이 생길 것으로 판단하고 인센티브 같은 금전적 보상과 함께 여러 형태의 보상 제도를 도입했다. 최고 성과를 올린 직원에게 주는 특별한 선물은 땅벌 모양의 다이아몬드 핀이다. 메리 케이는 땅벌이 여성을 상징적으로 나타낸다고 보았다.

기체역학을 연구하는 사람들은 땅벌을 관찰하고 나서 땅벌이 생태적 조건으로는 날 수 없다는 사실을 발견했다. 날개는 너무 약하고 몸통은 상대적으로 너무 크고 무겁기 때문이다. 그런데도 땅벌은 기적처럼 난다. 메리 케이는 그것을 보고 성경에서 말하는 기적을 생각했다.

"믿는 자들에게는 이런 표적이 따르리니 곧 그들이 내 이름으로 귀신을 쫓아내며 새 방언을 말하며 뱀을 집어올리며 무슨 독을 마실지라도 해를 받지 아니하며 병든 사람에게 손을 얹은즉 나으리라 하시더라"(막 16:17~18).

메리 케이의 눈에는 세상 만물이 땅벌을 향해 날 수 없다고 말하지만, 하나님만은 "넌 날 수 있어"라고 속삭이는 것 같았다. 그녀는 이렇게 말하곤 했다.

"땅벌은 꼭 여성들 같아요. 큰 욕심을 부리지는 않지만 열심히 걸어 결국에는 정상에 오르거든요."

"우리가 환난 당하는 것도 너희가 위로와 구원을 받게 하려는 것이요 우리가 위로를 받는 것도 너희가 위로를 받게 하려는 것이니 이 위로가 너희 속에 역사하여 우리가 받는 것 같은 고난을 너희도 견디게 하느니라 너희를 위한 우리의 소망이 견고함은 너희가 고난에 참여하는 자가 된 것 같이 위로에도 그러할 줄을 앎이라"(고후 1:6~7).

03

독특하고 창의적인
보상 프로그램

나는 직원들을 만날 때마다 그들이 가슴에 '나는 존중받고 싶다'고
쓰인 목걸이를 차고 있다고 생각하고 그들을 대한다.

할 수 있다는 생각이 원하는 것을 얻게 한다

1963년 이후 메리케이 코스메틱 사원들은 핑크색으로 유명세
를 탔다. 메리 케이가 제품과 판촉제품 용기 색상을 핑크로 한
것에는 이유가 있다. 1950년대만 해도 대다수 미국인의 욕실은
흰색이었다. 그런데 욕실 선반에 놓인 헤어스프레이, 향수, 화
장품 등 대부분 제품이 눈에 잘 띄도록 밝은색으로 되어 있어서
눈에 거슬렸다. 그녀는 소비자의 마음을 끌어 욕실에 진열해 두

어 싶은 제품 용기를 만들고 싶었다.

메리 케이는 색에 대한 연구와 검토 과정을 통해 마침내 부드럽고 섬세한 핑크가 흰색 욕실과 잘 어울린다는 결론을 얻었다. 그녀는 과감하게 핑크를 선택했고, 그것은 놀라운 효과를 가져왔다. 그 무렵 캘리포니아의 심리학자들은 핑크색이 과격하거나 폭력적인 사람을 진정시키는 데 도움이 된다는 연구 결과를 발표했다. 과격한 죄수를 핑크색 감옥에 수용하자 대부분 얼마 되지 않아 조용해졌다는 것이다.

어느 날, 메리 케이의 머릿속에 최고의 세일즈 디렉터들에게 핑크 캐딜락을 상으로 주면 어떨까 하는 아이디어가 떠올랐다. 캐딜락은 그 당시 최고의 자동차였다. 그때부터 핑크 캐딜락을 보면 사람들은 그 차 주인이 누구인지 쉽게 알아봤다. 그들은 바로 메리케이 코스메틱 최고의 뷰티 컨설턴트들이다.

메리 케이는 1966년부터 가장 성공적인 독립 뷰티 컨설턴트들에게 핑크색 캐딜락을 상으로 수여했다. 오늘날 1만 명이 넘는 뷰티 컨설턴트들이 핑크색 캐딜락을 타고 다닌다. 이제는 캐딜락을 생산하는 제너럴 모터스에서 '메리 케이 핑크'란 색상명이 공식적으로 사용되고 있다고 한다.

독특하고 창의적인 메리케이 코스메틱의 보상 프로그램은 전 세계 경영학 교수들의 주목을 받았다. 현재 하버드 비즈니스 스쿨이나 와튼 스쿨 등 주요 MBA 과정에서는 메리 케이의 성공 사례를 가르치고 있다.

메리 케이는 이외에도 괄목할 만한 성과가 인정되면 다이아몬드를 비롯한 보석류를 부상으로 주고 있다. 가족 보험과 연금 혜택 등도 제공한다.

1985년 10월 20일, 메리 케이는 〈뉴욕타임스*The New York Times*〉와의 인터뷰에서 자신의 신념을 다음과 같이 밝혔다.

"만약 당신이 할 수 있다고 생각하면 원하는 것을 얻을 수 있습니다. 그러나 할 수 없다고 생각하면 절대 얻을 수 없습니다."

1987년, 메리 케이가 아들 리처드에게 경영권을 넘기고 물러나자 임직원들은 회사 앞날을 놓고 걱정했다. 마법사가 자리를 떠나는 순간, 마법이 사라질 것이라는 우려가 대두되자 어느 고위 간부가 말했다.

"예수님이 돌아가셨기 때문에 예수님의 가르침이 무의미하다고 말할 수 있습니까? 메리 케이의 가르침은 영원합니다."

1995년, 한 인터뷰에서 메리 케이는 자신의 사명을 이렇게 해석했다.

"하나님께서 저를 이 자리로 이끄셨다고 생각합니다. 여성들 스스로 자신의 존귀함을 깨우칠 수 있도록 말입니다. 저는 하나님께서 부르실 그날까지 여성 스스로 자신이 얼마나 존귀한지를 깨우치도록 돕겠습니다."

메리케이 코스메틱의 뷰티 컨설턴트들은 모두 독립된 사업가들이다. 일하는 시간도 각자 정하고, 판매 구역이 없으므로 어디서든 판매할 수 있다. 최고의 서비스를 제공하기 위해서는 고객이 상품을 찾을 때 즉시 제공할 수 있어야 한다. 메리 케이는 뷰티 컨설턴트들에게 고객의 요구를 즉각 충족시키기 위해 십여 가지 상품을 항상 가지고 다니라고 권했다. 뷰티 컨설턴트들은 현금을 주고 상품을 산 후 이를 팔기 위해 고객 집에서 뷰티 쇼를 개최하고, 참석한 고객들 역시 필요한 상품을 그 자리에서 구매한다. 메리 케이가 생각해 낸 이 아이디어는 큰 성과가 있었다.

현재 미국에서 연간 10만 달러 이상의 고소득을 올리는 여성은 3퍼센트에 불과하다. 그중 90퍼센트 이상이 메리케이 코스메틱의 뷰티 컨설턴트들이다. 메리 케이는 항상 긍정적인 태도를 가지라고 말한다. 성공할 수 있다는 자신감으로 자기 자신을 믿으면 그것이 고객들에게 그대로 전달되기 때문이다. 또한, 메리 케이는 아름다워지면 기분도 좋아지기 때문에 늘 단정하고 아름다운 모습으로 고객을 대하라고 강조했다.

경청의 리더가 직원을 성장시킨다

메리 케이가 신규 뷰티 컨설턴트들과의 선약을 지키기 위해 대통령이 주재하는 리셉션의 초청을 거절한 이야기는 유명하다. 당시 그녀는 사업 때문에 워싱턴에 있었지만 댈러스에서 열리는 신입사원 미팅에 참석하기 위해 달려갔다.

　많은 경영자가 높은 급여, 직업의 안정성, 훌륭한 복리후생 등이 우선되어야 직원들이 헌신적으로 일할 것이라고 생각한다. 그러나 메리 케이는 진심으로 직원을 사랑하고, 존중하고, 그들의 성장을 도와준다면, 얼마든지 직원들의 잠재력을 극대화할 수 있다는 것을 보여 주었다.

　그녀는 사람을 진심으로 사랑했던 비즈니스 리더였다. 또 회사를 한 가족, 즉 영원히 함께할 유기적 공동체로 보았다. 회사 이익도 중요하지만, 그것은 사람들의 삶을 풍성하게 만드는 수

단이라고 생각했다. 그녀의 리더십에는 인간에 대한 사랑과 함께 존중과 배려, 격려와 인정, 경청과 칭찬이라는 인간관계의 핵심이 포함되어 있다. 그녀는 이렇게 말하며 경청을 실천했다.

> "북적대는 방에서 누군가와 이야기할 때는 그 방에 우리 둘만 있는 것처럼 대한다. 모든 것을 무시하고 그 사람만 쳐다본다. 고릴라가 들어와도 나는 신경 쓰지 않을 것이다."

그녀는 이윤을 극대화하는 유일한 방법은 사람의 능력을 극대화하는 것이라 믿었고, 자신의 가장 중요한 임무는 직원들을 행복하게 해주는 것으로 생각했다.

메리 케이는 황금률이라고 부르는 경영방침에 따라 회사를 운영했다. 자신이 대우받기를 원하는 대로 다른 사람을 대우하라는 것이다. 메리 케이는 자신이 생각하는 황금률에 대해 이렇게 말한다.

> "나는 직원들을 만날 때마다 그들의 가슴에 '나는 존중받고 싶다'고 쓰인 목걸이를 하고 있다고 생각하고 그들을 대한다."

메리 케이는 황금률에 기초해 독립 뷰티 컨설턴트들을 격려

하면서 믿음과 신앙, 가족, 일의 조화를 강조했다. 사람들을 잘 다루면 마법 같은 일이 일어난다. 그녀는 말뿐 아니라 행동으로 직원 사랑을 보여 주었다.

"왕께서 그 발과 발가락이 얼마는 토기장이의 진흙이요 얼마는 쇠인 것을 보셨은즉 그 나라가 나누일 것이며 왕께서 쇠와 진흙이 섞인 것을 보셨은즉 그 나라가 쇠 같은 든든함이 있을 것이나 그 발가락이 얼마는 쇠요 얼마는 진흙인즉 그 나라가 얼마는 든든하고 얼마는 부서질 만할 것이며 왕께서 쇠와 진흙이 섞인 것을 보셨은즉 그들이 다른 민족과 서로 섞일 것이나 그들이 피차에 합하지 아니함이 쇠와 진흙이 합하지 않음과 같으리이다"(단 2: 41~43)

십일조로 복 받은 세계 부자들

04

하나님, 가정, 일을 조화롭게

하나님께서 아담의 갈비뼈를 취해 이브를 만드셨지만 얻어맞고 두려움에 떨며 위협당하도록 만드신 것이 아니다. 또한, 아담이 1달러를 벌 동안 하와는 75센트만 벌도록 하시지도 않았다. 하나님께서 아담을 창조하신 후에 "음, 괜찮은데. 하지만 더 잘 만들 수 있을 것 같아" 하시며 창조하신 것이 여성이다.

달란트를 활용하라

메리 케이가 나이를 먹어 가며 느낀 진실은 삶에 대해 올바른 전망을 한 사람은 무슨 일을 하든 성공한다는 것이다. 그녀는 자신의 신념을 다음 세 가지로 정리했다.

첫째, 하나님을 섬겨라.
둘째, 가족을 돌보라.

셋째, 자기 일에 충실하라.

메리 케이는 이러한 신념을 바탕으로 하나님을 자신의 동반자로 받아들이고 함께 나가는 것을 중요한 원칙으로 삼았다. 그녀는 신앙이 가장 중요한 이유는 아무리 시간이 흘러도 변치 않는 진리 때문이라고 생각했다. 그녀는 자신이 올바른 전망을 갖고 사업을 하므로 하나님의 축복이 있을 것이라고 믿었다. 그리고 자신을 온전히 하나님께 맡기면 인생의 모든 일이 순조로울 것이라고 확신했다.

하나님은 이러한 메리 케이의 신념에 응답하셨고, 회사는 번창해 나갔다. 하지만 메리 케이는 회사 일을 통해 전도하지는 않았다. 모든 사람의 신앙을 존중해야 한다는 생각에서였다. 그녀는 사람들이 자연스럽게 하나님이 인생에서 가장 중요하다는 것을 알게 된다는 사실을 믿었다.

메리 케이는 1달러짜리 지폐에 사인하는 것을 좋아했다. 그녀는 언제나 자기 이름 옆에 마태복음 25장 24절에서 30절 말씀을 써 놓았다. 예수님이 하신 달란트 비유에 관한 이야기다. 주인이 종들에게 각각 다섯 달란트, 두 달란트, 한 달란트를 주고 떠났다가 돌아와 그 남긴 것을 보고 칭찬하거나 책망한 이야

십일조로 복 받은 세계 부자들

기다. 예수님께서는 이 비유를 하시면서 한 달란트를 땅에 묻은 자의 것을 빼앗아 다섯 달란트로 열 달란트를 남긴 자에게 주라고 말씀하셨다.

> "한 달란트 받았던 자도 와서 가로되 주여 당신은 굳은 사람이라 심지 않은 데서 거두고 헤치지 않은 데서 모으는 줄을 내가 알았으므로 두려워하여 나가서 당신의 달란트를 땅에 감추어 두었나이다 보소서 당신의 것을 받으셨나이다 그 주인이 대답하여 가로되 악하고 게으른 종아 나는 심지 않은 데서 거두고 헤치지 않은 데서 모으는 줄로 네가 알았느냐 그러면 네가 마땅히 내 돈을 취리하는 자들에게나 두었다가 나로 돌아와서 내 본전과 변리를 받게 할 것이니라 하고 그에게서 그 한 달란트를 빼앗아 열 달란트를 가진 자에게 주어라 무릇 있는 자는 받아 풍족하게 되고 없는 자는 그 있는 것까지 빼앗기리라 이 무익한 종을 바깥 어두운 데로 내어 쫓으라 거기서 슬피 울며 이를 갊이 있으리라 하니라"(마 25:24~30).

메리 케이는 하나님이 인간에게 허락하신 것을 이용하고 발전시킬 사명이 우리에게 있다고 굳게 믿었다. 하나님이 주신 달란트를 잘 활용할수록 하나님은 더 많은 것을 주신다고 믿었다.

훗날 거액의 연봉을 받게 된 이들은 메리 케이에게 받은 성경 구절이 쓰인 1달러 지폐를 소중하게 여기며 그 말씀을 성공의 발판으로 삼았다.

여호와 이레의 하나님

한번은 메리 케이가 다니던 교회의 목사가 그녀에게 아동학습 센터 건립을 위한 기금모금 집회에 와서 연설해달라고 부탁했다. 기금이 계획만큼 잘 걷히지 않아 그녀에게 도움을 요청한 것이다. 주일 집회 때마다 성도가 나와 특별기금모금에 참여해 달라고 간청했지만 큰 도움이 되지 않았다. 누가 나와서 연설을 해도 적을 때는 600달러, 많을 때는 1,000달러 정도 걷혔다. 이런 식으로는 언제 기금을 모아 건물을 지을지 알 수 없었다.

"메리 케이, 당신도 아이들이 교회에서 영적으로 성장해야 한다고 생각하시죠?"

"물론이지요."

"그럼 제 부탁을 들어주세요. 6주 후가 어떨까요?"

목사는 6주 정도면 누구나 부담 없이 제안을 받아들일 수 있다고 생각했다. 당시 메리 케이는 바쁜 업무 때문에 시간을 내기 힘들었지만 해보겠다고 약속했다. 6주는 빠르게 지나갔다.

그녀는 늘 집회 연설에서 할 말을 생각했지만, 너무 바빠 연설문을 쓸 틈을 내지 못했다. 그러다 시카고로 출장을 떠나게 되었고, 연설이 있기 전날 밤 자정에야 간신히 집에 도착했다. 그녀는 그때까지도 무슨 말을 해야 할지 떠오르지 않아 걱정되었지만 일단 잠자리에 누웠다. 아침 일찍 깨어 맑은 정신으로 연설문을 쓰는 것이 낫겠다고 생각한 것이다.

다음 날 늦게 일어난 그녀는 갑자기 교회에 가기 싫었다. 하지만 그럴 수는 없었다. 약속은 지켜야 했다. 교회에 가기 위해 바쁘게 움직이던 메리 케이는 옷을 꺼내 입으며 기도했다.

"주여, 제가 지혜의 말을 할 수 있도록 도와주세요. 제가 해야 할 말의 처음과 끝을 주관해 주시고 무슨 말을 해야 하는지 알려주세요."

메리 케이는 잠시 화장을 멈추었다. 마음속에서 어떤 소리가 들려왔기 때문이었다.

"메리 케이, 집회에 나가면 오늘 기금이 얼마가 모이든 그만큼을 내겠다고 말해."

아주 생생한 소리였다. 메리 케이는 손에 쥐고 있던 화장 도구를 떨어뜨리고 외쳤다.

"하나님, 잠시만 생각할 시간을 주세요!"

하나님의 음성을 듣는다는 것은 대단한 경험이었다. 하나님과 대화를 나눴다는 사람들의 얘기는 들은 적이 있지만, 자신이 몸소 경험한 것은 처음이었다. 그녀는 재혼한 남편 멜과 함께 교회에 가면서 잠시 생각을 정리하려고 기도했다. 그러다 문득 자기 생각을 남편에게 이야기하고 싶은 충동을 느꼈다. 그러나 또 다른 마음이 말하지 말라고 속삭였다. 교회에 도착한 그녀는 성가대의 찬송을 들으며 자기 자리로 갔다. 그때 목사가 메리 케이를 연단으로 불렀다. 그녀는 연단으로 올라가면서도 무슨 말을 해야 할지 몰라 고민했다.

"주님, 당신 손에 모든 것을 맡깁니다."

메리 케이는 조용히 기도를 드리고 연설을 시작했다.

잠시 후 그녀는 주일학교에서 아이들을 가르쳤던 경험을 이야기하면서 아이들에게 옳고 그름을 구별하는 방법을 가르쳐야 한다고 강조한 후 이렇게 말했다.

"여러분, 우리는 아동학습센터 건립 사업에 대해 꽤 오래 논의를 해오고 있고, 매주 600달러 정도의 기금을 모으고 있습니다. 1,000달러가 모이는 주일도 있지만 이런 식으로는 우리 아이들이 손자를 볼 나이가 되어도 건물을 짓지 못합니다. 방법을 달리해야 합니다. 저는 오늘 기금이 얼마나 모일지 전혀 모릅니다. 하지만 오늘 모이는 기금만큼 저도 내도록 하겠습니다."

갑자기 주위가 쥐 죽은 듯 조용해졌다. 메리 케이는 심호흡을 하고 계속 말했다.

"여러분 모두 우리 회사가 외상 거래를 하지 않는다는 사실을 알고 계실 겁니다. 따라서 서약 같은 것은 받지 않겠습니다. 현찰이나 수표로 주십시오! 오늘 얼마가 모이든 저도 그만큼 내겠습니다."

연설을 마친 메리 케이는 남편을 쳐다보았다. 남편에게 자기 생각을 미리 말하지 않았기 때문이었다. 남편은 퇴직한 상태여서 많은 돈을 낼 수 없었기 때문에 두 사람이 함께 기부하겠다는 말은 할 수 없었다. 또한, 이 모든 것을 혼자 결정했다고 말해서 남편의 기분을 상하게 하고 싶지도 않았다. 그녀는 이번에 모인 금액이 얼마가 되던 자신이 모두 부담하겠다고 생각했다.

사람들은 그녀 말에 충격을 받은 듯했지만 이렇다 할 반응이 없었다. 메리 케이는 자리로 돌아가면서 연설이 완전히 실패한 것 같은 느낌을 받았다. 화장품은 잘 팔지 몰라도 하나님의 일을 하기에 자신이 너무 부족하다는 생각이 들었다. 그러나 결과는 놀라웠다. 다음 날 건물 건립위원회 위원장이 그녀에게 전화를 걸어 모금액이 10만 7,748달러라고 알려주었다. 10만 7,748달러라니! 그 돈이면 건물 공사를 시작하기에 충분했다. 하나님은 놀라운 방식으로 그녀의 기도에 응답해 주셨다. 그러나 한편으로는 걱정이 되었다. 예상을 훨씬 벗어난 금액이었기 때문이다.

돈이 들어오면 곧바로 재투자했던 그녀였기에 통장에는 그만한 현금이 없었다. 유일한 해결책은 다음 거래를 취소하고 은행에 융자를 신청하는 것이었다. 그녀의 사정을 알고 있던 위원장은 그럴 필요가 없다고 했지만, 그녀는 자신이 한 약속이니 반드시 지키겠다며 건물위원회 사람들에게 자신이 정말로 원해서 하는 일이라는 것을 꼭 알려달라고 말했다.

메리 케이는 전화를 끊고 하나님께 기도했다.

"하나님, 저를 여기까지 인도하셨으니 이제는 저를 구원해 주셔야 해요. 그 돈을 어떻게 마련하면 좋을까요?'

그 순간 전화벨이 울렸다. 둘째 아들 리처드였다.

"어머니, 우리가 유정을 사두었다는 거 기억하시죠? 두 군데 유정을 뚫었는데 원유를 발견했다는 연락이 조금 전에 왔어요. 두 군데 모두에서요. 그 유정의 가치는 짐작하기 힘들 정도예요."

조용히 듣고 있던 메리 케이는 문득 이상한 느낌을 받았다.

"이번 달에 받으실 몫만 10만 달러가 넘어요."

리처드의 말을 듣고 그녀는 하나님이 이미 모든 것을 마련해 놓으셨다는 사실을 깨달았다.

여성의 삶을 풍요롭게

1980년 메리 케이는 비영리 단체인 '메리 케이 애시 자선재단'을 설립하고 여성들에게 발병하는 유방암, 난소암, 자궁암 등의 진단과 예방 및 치료를 위한 기금을 출연했다. 이 책에 나오는 사업가들이 모두 그랬듯 메리 케이는 십분의 일이 넘는 자금을 출자해 성경의 가르침을 몸소 실천하는 대표적인 여성 사업가가 되었다.

메리 케이 애시 자선재단은 미국을 비롯한 전 세계에서 여성 암 질환 치료는 물론 여성에 대한 폭력 방지 기금모금 활동을 활발히 벌이고 있다. 이로 인해 메리 케이는 훌륭한 미국 시민에게 주는 '호레이쇼 앨저상' 등 수많은 상을 받았다. 메리케이 코스메틱 역시 여러 차례 '포천 500대 기업', '가장 일하고 싶은 미국 100대 기업', '여성을 위한 10대 기업' 등에 선정되었다.

메리 케이는 수백만 여성들에게 매혹적인 삶으로 향하는 문을 열어준 성공한 기업가였지만 늘 겸허한 자세로 남을 돕는 일에 노력했다.

> "사람에게 보이려고 그들 앞에서 너희 의를 행하지 않도록 주의하라 그리하지 아니하면 하늘에 계신 너희 아버지께 상을 받지 못하느니라 그러므로 구제할 때에 외식하는 자가 사람에

게서 영광을 받으려고 회당과 거리에서 하는 것 같이 너희 앞에 나팔을 불지 말라 진실로 너희에게 이르노니 그들은 자기 상을 이미 받았느니라 너는 구제할 때에 오른손이 하는 것을 왼손이 모르게 하여 네 구제함을 은밀하게 하라 은밀한 중에 보시는 너의 아버지께서 갚으시리라 "(마 6:1~4).

그녀는 소박한 일상의 즐거움을 아는 가정적인 여성이었다. 일찍 퇴근해 학교에서 돌아오는 아이들을 따뜻하게 맞아주던 자상한 엄마였고, 남편을 위해 맛있는 저녁을 차려주던 여성이었다. 또한, 뛰어난 재담꾼이기도 했다. 그녀의 재치 넘치는 말은 따뜻한 마음만큼이나 빨리 전해져 사람들을 즐겁게 해 주었다. 유쾌한 일 중독자였던 메리 케이는 여성들을 발전시키는 일을 다른 어떤 일보다 좋아했다. 메리 케이는 이렇게 말했다.

"나에게 있어 삶은 금세 꺼지는 촛불이 아니다. 죽기 직전까지 환하게 불태우고 싶은 눈부신 횃불이다."

메리 케이의 이러한 정신은 현재 100만 명이 넘는 여성들에게 이어져 그들의 삶을 환히 밝혀주고 있다. 사회에서 번 돈을 사회에 환원하는 노블레스 오블리주를 실천하며 산 메리 케이는 세계 여성 기업가들은 물론 많은 여성의 롤 모델이 되었다.

"영혼 없는 몸이 죽은 것같이 행함이 없는 믿음은 죽은 것이니라"(약 2:26).

05

성공의 비결

상사, 부하 직원, 동료, 독립 컨설턴트, 집배원 등 모든 사람이 '내가 중요한 사람으로 느끼도록 만들어 달라'는 주문을 목에 걸고 있다고 생각하라. 그러면 그들을 진심으로, 그리고 가치 있는 존재로 대할 것이며, 그 마음이 그들에게 온전히 전해질 것이다.

행복이란 하고 싶은 일을 하는 것

메리 케이 애시는 세상에는 네 유형의 사람이 있다고 보았다. 일을 성취하는 사람, 남이 성취하는 것을 지켜보는 사람, 남이 성취한 것에 감탄하는 사람, 무슨 일이 일어났는지 깨닫지도 못하는 사람이다. 그녀는 아주 어렸을 때부터 일을 성취하는 사람이 되고 싶어 했다. 그리고 성공한 사람들에게는 다른 사람들과 구분되는 그들만의 개성과 목표, 능력이 있다는 것도 알았다.

또 그녀는 성공한 사람은 다섯 가지 특징이 있다고 분석했다. 뚜렷한 목표와 열정, 자제력, 부단한 노력, 결단력, 배려다.

메리케이 코스메틱은 여성을 위한 회사로 많은 여성에게 자극을 주고 동기를 부여해 그들의 인생을 변화시켰다. 그녀는 꿈을 이루기 위해서는 부단히 노력해야 한다며 다음과 같이 말했다.

"여자라고 사업에서 성공하지 말라는 법은 없다. 직관력과 예지력, 생산과 시장에 대한 지식, 배짱, 판단력, 일관성, 컴퓨터만 있으면 누구나 성공할 수 있다. 여성의 손길이 닿은 것은 무엇이든 고귀하게 변할 것이다. 우리는 오래도록 여성의 미덕으로 존중받아 온 명예, 성실, 사랑, 정직 등을 장점으로 계발하기 위해 노력해야 한다."

메리 케이 애시는 실제로 꿈을 이루었다. 메리케이 코스메틱을 사랑하고, 설립자 메리 케이 애시를 사랑하는 여성들은 자신의 꿈을 실현하기 위해 그녀처럼 열심히 노력하고 있을 것이다. 메리 케이의 삶과 그녀의 성공에 공감하고 자신의 성공을 꿈꾸는 수많은 여성의 삶 자체가 바로 메리케이 코스메틱의 브랜드가 되었다. 메리 케이가 내세우는 여섯 가지 전략적 사고가 있다. 이 사고는 우리를 성공으로 이끌어 줄 것이다.

1. 당신은 할 수 있다. 모든 일에 자신 있게 임하라.
2. 열정을 가져라. 리더가 열정을 갖고 일하면 부하 직원은 자연스럽게 따라오기 마련이다.
3. 표정을 밝게 하라. 항상 긍정적으로 사고하고 즐겁게 일하면 원하는 결과를 얻을 수 있다.
4. 시간을 효율적으로 관리하기 위해 리스트를 작성하라. 매일 중요한 일 여섯 가지를 우선순위별로 정해 놓고 하나씩 해결하라.
5. 어디로 가야 할지 미리 정하라. 혹시 있을지 모르는 비상 사태에 대비해 휴가계획을 세우듯 인생을 설계하라.
6. 늘 새로운 목표, 새로운 꿈을 가져라. 행복이란 하고 싶은 일을 하고, 누군가를 사랑하며, 마음속에 추구하는 대상을 간직하는 것이다.

"믿음이 없이는 하나님을 기쁘시게 하지 못하나니 하나님께 나아가는 자는 반드시 그가 계신 것과 또한 그가 자기를 찾는 자들에게 상 주시는 이심을 믿어야 할지니라"(히 11:6).

십일조에 관한 위인들의 명언들

"유대인이 십일조를 바쳤거든 하물며 소유의 전부를 주님을 위해 바쳐야 할 은혜 시대의 성도가 십일조를 기쁨으로 바치지 않는다면 이것은 모순이다."

이레니우스 *Irenaeus*

"유대인에게 있어서 십일조의 불순종이 신앙의 위험이었다면, 신약의 성도들이 십일조를 거부한다면 이것은 하나님을 향한 신앙의 크나큰 위험이다."

요한 크리소스톰 *John Chrysostom*

"하나님께서는 성경 말씀에 기록된 대로 온전한 십일조와 헌물을 통해서 그의 자녀를 복되게 하신다."

아우렐리우스 아우구스티누스 *Aurelius Augustinus*

"하나님께 십일조를 드리지 않는 자는 하나님의 복을 받기에 합당하지 않다."

토마스 풀러 *Thomas Fuller*

"나는 주머니가 회개하지 않는 사람의 회개를 믿을 수가 없다."

요한 웨슬리 *John Wesley*

"교회 물질의 문제는 헌금에 대한 강조가 아니라 헌금에 대해 바로 가르치지 않기 때문이다. 이상적인 교회는 헌금하지 않는 교회가 아니라 기쁨으로 헌금함으로써 주의 나라를 위해 풍성하게 사용하는 교회다."

존 칼빈 *John Calvin*

폴 마이어의 성공 신화는 생명보험회사의 설계사에서 시작되었다. 그는 면접에서 무려 57번이나 떨어졌다. 겨우 취직을 했지만 9개월 동안 월 평균 수입이 87달러에 불과했다. 하지만 누구보다 일찍 출근하고 바쁘게 사람들을 만나고 다니면서 입사한 지 1년 만에 목표액 100만 달러를, 다음 해에는 400만 달러를 계약했다. 그는 세일즈의 천국인 미국에서 스물일곱 살에 억만장자가 되면서 최연소 기네스북에 오른 보험 세일즈맨이 되었다. 그는 자신이 성취한 일 중 75퍼센트는 목표를 설정했기 때문에 가능했다고 말한다. 그는 70세에 공식적으로 은퇴했지만, 하나님을 증거하고 청지기의 삶을 살면서 세상을 떠날 때까지 바쁜 나날을 보냈다.

Part 6

자기계발 연구의 창시자

폴 마이어

Paul J. Meyer

1928~2009

내 인생의 목표는 가능한 한 많은 사람을 위해, 가능한 한 많은 방법으로,
가능한 한 오랫동안, 가능한 한 선행을 많이 하는 것이다.

폴 마이어

27세에 백만장자의 꿈을 이룬 청년

폴 마이어의 성공 신화는 생명보험회사의 설계사에서 시작된
다. 그는 열아홉 살에 미국 공군에 입대해서 체육교관으로 군
복무를 했다. 제대 후 대학에 들어갔지만, 집안 형편이 어려워
서 3개월 만에 중퇴하고 보험회사의 문을 두드리며 직장을 구하
러 다녔다. 당시 미국에서 보험 세일즈맨의 인기는 무척 높았다.

마이어는 50곳 이상의 보험회사에 취업 원서를 냈으나 모두
거절을 당했다. 훗날 그는 자신의 저서에서 보험회사 면접에서
57번이나 떨어졌다고 회고했다. 다행히 마지막 한 회사가 그를
채용했지만, 그는 그 회사에서 3주 만에 해고당했다. 나이가 어

리고 대학을 졸업하지도 못했고 사교성이 없는 소극적인 성격에 심하게 말을 더듬었기 때문이다. 그는 그 회사에서 나오며 이렇게 중얼거렸다.

"당신들은 지금 이 나라에서 제일 가는 세일즈맨을 잃은 것이오. 언젠가 나는 미국 제일의 기록을 세울 거요. 당신들은 그 기사를 신문에서 읽고 오늘 일을 후회할 거요."

오기가 생긴 그는 다른 회사에 다닐 생각을 하지 않고 보험회사만 고집했다. 마침내 마이어는 보험회사 영업사원으로 들어가는 데 성공했다. 그는 입사해서 자기 책상 위에 '매출 100만 달러'라고 구체적으로 써서 붙여 놓았다. 동료들은 그의 목표를 보고 마이어가 약간 머리가 돌거나 이상한 성격은 아닌가하고 쳐다보았다. 지금도 100만 달러는 적은 금액이 아니지만, 당시로써는 엄청난 금액이었다. 미국 최고의 보험 세일즈맨도 넘보기 어려운 고지였다. 그런데 갓 입사한 신입 사원이 터무니없는 목표를 세운 것이 상식적으로 이해가 되지 않았다.

하지만 마이어는 누구보다 일찍 출근하고 바쁘게 사람들을 만나고 다니면서 목표를 달성하기 위해 투지를 불태웠다. 그는 몇 달이 지나도 별다른 실적을 올리지 못했다. 고액의 보험을 들어줄 사람을 만나기도 힘들고 어렵게 만나서 상담해도 쉽게 보험에 가입하지 않았기 때문이다. 열네 명 정도를 만나야 겨우

한 사람이 보험에 가입하는 정도였다. 일을 시작하고 9개월 동안 월 평균 수입이 87달러에 불과했다. 그러나 그는 목표에 대한 믿음을 한 번도 의심하지 않았다.

결국, 회사에 입사한 지 1년 만에 목표액 100만 달러를 달성했다. 그것은 그 회사가 30년간 깨지 못한 세일즈 기록이다. 그의 나이 스물일곱 살 때다. 그는 세일즈의 천국인 미국에서 최연소 기네스북에 오른 보험 세일즈맨이 되었다.

대성공을 거둔 그는 보험업계를 떠나 1960년 '성공 동기부여 인터내셔널(SMI)'을 설립해 성공시켰다. 그 뒤에는 '리더십 매니지먼트 인터내셔널(LMI)'를 설립하고 리더십, 성공, 동기부여 등 자기계발의 실천적인 방법을 제시하고 실천에 옮겼다. SMI과 LMI는 놀라운 성공을 거두었고 마이어는 인재 계발에 헌신함으로써 수십억 달러에 달하는 자기계발 산업의 개척자이자 리더로서 '자기계발 연구의 창시자'로 불리게 되었다.

마이어는 교육, 컴퓨터소프트웨어, 금융, 부동산, 인쇄, 제조, 항공 등 40여 개가 넘는 회사를 운영하면서 수익의 50퍼센트를 기부한다는 원칙을 평생 지켜 왔다. 그가 설립한 '폴 마이어와 제인 마이어 가족 재단'은 전 세계적으로 30개가 넘는 사역단체와 자선단체를 지원하고 있다.

그는 70세에 공식적으로 은퇴했지만, 하나님을 증거하고 청지기의 삶을 사느라 세상을 떠날 때까지 바쁜 나날을 보냈다.

"나는 선한 싸움을 싸우고 나의 달려갈 길을 마치고 믿음을 지
켰으니"(딤후 4:7).

01

큰 꿈을 품은
소년

나는 부자다. 다만 이루어지지 않았을 뿐이다.

달리는 기차는 철근 콘크리트도 뚫는다

폴 마이어는 1928년 5월 21일, 캘리포니아의 산 마테오에서 생활력이 강한 독일계 아버지와 스코틀랜드계 어머니 사이에서 둘째 아들로 태어났다. 어린 시절 폴은 내성적이고 조용했다. 마음속에 품은 꿈은 컸지만, 그것을 밖으로 드러내는 성격이 아니었다. 폴의 형도 무난한 모범생으로 두 형제는 별 말썽 없이 자라는 착한 아이들이었다.

폴의 부모님은 강하고 현실적인 생활방식으로 어린 폴이 가치관을 형성하는 데 큰 영향을 끼쳤다. 부모님은 아이들이 무엇이든 쉽게 얻어내는 것을 용납하지 않았다. 그래서 폴은 크리스마스 카드를 사본 적이 없었다. 크리스마스가 다가오면 어머니는 카드를 만들 종이를 내주셨다. 아버지도 마찬가지였다. 아버지는 캐비닛 만드는 공장을 해서 집안은 그다지 곤궁하지 않았지만, 아버지는 아이들이 원하는 물건을 그대로 주지 않았다. 그렇다고 아이들의 욕구를 무시하지는 않았다.

아버지는 어린 아들들이 어떤 장난감을 원하면 그것을 만들어보게 했다. 그러면 두 아들은 갖고 싶은 장난감을 그리고 그다음에 종이를 자르고 붙이거나 나무를 깎거나 부품 하나하나를 끼워 맞추는 작업을 해야 했다. 아이들이 커서 모형 비행기를 갖고 싶어 할 때도, 자전거를 갖고 싶어 할 때도 그 방식은 계속되었다.

"자전거가 갖고 싶어요."

형제는 아버지가 자전거는 사주실 것이라고 믿었다. 그런데 아버지는 이렇게 말씀하셨다.

"동네 어귀 쓰레기장에 가 봐. 거기 고장 나서 버려진 자전거가 몇 대 있을 거야. 그거 부품만 갈아 끼면 멋진 놈이 만들어질 거다."

형제는 하는 수 없이 쓰레기장으로 가 보았다. 체인이 없거나 바퀴가 휘고, 핸들이 꺾인 고물 자전거가 서너 대 있었다. 형제는 고장 난 자전거를 끌고 집으로 와서 분해했다. 아버지는 아이들이 자전거를 조립할 수 있도록 도와주고 구할 수 없는 부품은 사주셨다. 부품 몇 개를 교체하고 기름칠과 페인트칠을 했더니 멋진 자전거가 만들어졌다.

폴은 자전거를 타면서 새로운 도전 거리를 찾는 즐거움이 무엇인지 자연스럽게 터득하게 되었다. 그때부터 형제는 고장이 나서 누군가 버린 자전거를 보면 누가 먼저랄 것도 없이 집으로 끌고 와 고쳤다. 수리 실력도 늘고 자전거가 많아지자 형제는 자전거를 팔기 시작했다. 폴이 열네 살 때까지 아버지의 차고에서 만든 자전거가 300대나 되었다. 그는 열두 살 때 〈리버티 매거진*Liberty Magazine*〉이란 잡지의 정기구독자 모집 캘리포니아주 콘테스트에서 1위를 차지했고 열여섯 살 때는 농장에서 직접 살구를 따 노점에서 팔면서 꽤 많은 돈을 저축할 수 있었다. 아버지의 교육 탓에 폴은 무엇이든 할 수 있다는 자신감을 키울 수 있었다. 폴은 그런 체험을 하면서 자신의 가치를 높이는 방법을 발견하고 능력을 키워나갔다.

아버지는 늘 이런 말씀을 하셨다.

"아무리 추진력이 좋은 기관차라도 멈춰 있다면, 여덟 개의 바퀴 앞에 1인치 정도밖에 안 되는 나무 조각을 대놓기만 해도 절대로 달릴 수 없다. 그러나 달리고 있는 기관차는 시속 100킬로미터의 속력으로 두께 5피트의 철근 콘크리트 벽을 뚫을 수 있다."

폴 마이어의 할아버지는 독일 베를린에서 프랑스 파리를 왕복하는 기관차의 기관사로 일생을 보내셨는데 아버지는 어린 시절의 체험을 아들들에게 이야기해 준 것이다.

사랑은 우리를 강하게 한다

아버지가 강한 성격을 지녔지만, 폴의 어머니는 부드러운 가르침으로 자식을 대했다. 어머니는 성경적인 삶을 살려고 노력했던 분이다. 하루는 폴에게 믿어지지 않을 만큼 충격적인 사건이 일어났다. 그날 어머니는 맛있는 저녁 식사를 준비해서 음식을 식탁 위에 올려놓고 있었다. 밖에서 돌아오신 아버지는 기분이 별로 안 좋아 보였다. 아버지는 식탁에 앉아서 음식을 들다 말고 인상을 쓰더니 버럭 소리를 지르셨다.

"무슨 음식 맛이 이 모양이야!"

그러더니 접시에 담긴 음식을 냅킨에 담아 뒷문으로 던져 버리고는 문을 쾅 닫고 나가버렸다. 폴은 아버지의 행동을 이해할 수 없었다.

"아버지가 왜 저러시는 것이죠?"

폴은 어머니에게 물었다. 그러자 어머니가 부드럽게 웃으시며 대답하셨다.

"아버지가 밖에서 안 좋은 일이 있으신 거 같아."

"어머니는 이런 상황에서 웃음이 나오세요? 저 같으면 프라이팬을 아버지에게 던졌을 거예요."

폴이 흥분해서 그렇게 말하자 어머니는 대답하셨다.

"난 네 아버지와 결혼한 지 20년이나 되었단다. 아버지 성격이 저런 것을 어쩌겠니? 나는 그동안 언제나 왼쪽 뺨을 돌려대며 살았다."

"어머니가 그렇게 참으시니까 아버지가 더 저러시는 것 아닐까요?"

그러자 어머니는 마태복음 18장 22절의 말씀을 들려 주셨다.

"예수께서는 베드로가 형제가 내게 죄를 범하면 몇 번이나 용서하여 주어야 하느냐고 물었을 때 일흔 번씩 일곱 번이라도 용서하라 하셨다. 나는 일흔 번씩 일곱 번까지 용서하기에는 아직도 멀었단다."

어머니는 이렇게 용서하는 사람이었다. 폴은 그날 일을 늙어서도 결코 잊지 못했다. 그리고 "너희가 사람의 잘못을 용서하지 아니하면 너희 아버지께서도 너희 잘못을 용서하지 아니하시리라"하신 마태복음 6장 15절 말씀을 늘 생각했다. 그리스도인은 이 세상에서 가장 즐겁고, 평화롭고, 행복하고, 사랑스러우며, 용서하는 사람이어야 한다는 것을 그는 어머니에게서 배웠다.

사랑과 용서의 어머니가 있었기에 폴의 어린 시절은 행복했다. 폴의 형제들은 어머니의 성격을 닮아서 다정다감했고 사랑을 나눌 줄 알았다. 누나는 항상 폴의 말에 귀 기울여 주고 따뜻한 말로 사랑을 표현했다. 형은 또래보다 몸집이 작은 폴을 위해 세 명의 불량배들과 싸우기도 했다. 어머니는 용서하는 법과 의사소통하는 법, 하나님을 아는 법을 보여 주시며 사랑을 베풀었다. 특히 어머니는 가족뿐 아니라 다른 사람도 사랑하는 분이셨다. 어머니의 사랑은 자석과 같았다. 폴은 아이들이 아이스크림에 끌리듯 어머니의 사랑에 사람들이 자석처럼 끌려오는 것을 보았다. 또한, 폴은 어머니로부터 모든 사람이 평등하고 자기만의 달란트를 가지고 세상에 태어났다는 철학을 배웠다. 어머니는 이렇게 말씀하셨다.

"사람은 누구나 마음만 먹으면 무엇이든 할 수 있단다. 돈, 배경, 학력, 경험, 나이, 사회적 지위 같은 것은 중요하지 않아. 누구든 잠재적 가능성이 있어. 그러니 위대한 사람을 만나도 비하할 것 없고 실패한 사람을 만나도 업신여길 일이 없단다. 위대한 사람이라고 우러러볼 것도 없고 업신여김을 받을 것도 없단다."

폴은 성격이 급하고 강직했던 아버지에게서도 사랑을 받았다. 아버지의 사랑은 교훈과 훈계로 다가왔다. 폴은 아버지의 훈계에 깊이 감사한다. 만일 아버지의 훈계가 없었다면, 자신의 성공은 없었을 것이라고 회상했다. 아버지는 아들을 훈련하고 연단하고 함께 시간을 보내는 것으로 사랑을 베풀었다.

책 속에서 길을 찾다

생활력이 강한 부모님 덕분에 폴은 자립심이 강한 소년으로 자랐다. 폴이 열여섯 살이 되었을 때다. 그는 조간신문에서 '살구 따기 챔피언' 기사를 보았다. 24시간 동안 100상자의 살구를 따서 챔피언이 된 남자가 살구 상자 앞에서 의기양양한 표정으로 찍은 사진과 기사가 실려 있었다.

'그래, 살구 따기 대회에 나갈 거야. 그래서 챔피언 기록을 깰 테야. 최고가 될 사나이는 어린 시절부터 뭔가 달라야 한다고.'

무엇인가 자신의 한계에 도전해 보고 싶던 폴은 신문사에 전화를 걸었다. 24시간 안에 50파운드짜리 상자 100개를 채우면

챔피언이 될 수 있다는 것을 알았다. 곧바로 참가 신청을 한 폴은 살구 따기 챔피언이 되겠다는 생각에 몰두했다. 그러자 폴의 머릿속엔 살구 따기에 관한 갖가지 아이디어가 떠올랐다. 24시간 잠도 자지 않고 살구를 따려면 체력도 좋아야 하겠지만 어두운 밤에도 살구를 따야 한다는 어려운 점이 있었다. 그때 이런 생각이 스쳤다.

'그래, 손전등을 이용하면 돼. 밤이 되면 어두워져서 능률이 안 오를 테니까 손전등을 나뭇가지에 걸어놓고 따는 거야. 손전등을 이용해선 안 된다는 조항은 없잖아.'

아직 손전등을 사용해서 살구를 땄다는 이야기는 들어보지 못했다. 폴은 형과 의논해서 손전등과 배터리를 준비했다. 드디어 도전의 날, 폴은 손전등 두 개를 가방 안에 넣고 살구 농장으로 향했다. 그는 살구를 따는 도중에 소변이 마려울까 봐 물도 조금만 마셨다.

시합이 시작되자 폴은 살구 상자를 하나하나 채워 나가기 시작했다. 폴은 누구보다 열심히 작업해 나갔지만 어린 남자아이가 기록을 깨리라고는 누구도 생각하지 못했기에 그를 구경하거나 응원하는 사람은 없었다. 형은 이웃이 맡긴 자전거를 수리할 일이 생겨서 나중에 와서 응원하기로 했다. 오후가 되자 어깨가 욱신거렸지만, 폴은 쉬지 않고 살구를 땄다. 속도를 조금

늦추었을 뿐이다.

"폴, 너 대단하다. 어른들 못지않아."

형이 오후에 달려와서 응원해 주는 덕분에 폴은 힘이 났다. 살구를 채운 50파운드 상자가 줄줄이 늘어만 갔다. 저녁 무렵이 되자 어깨에 통증이 오고 감각이 없어지는 것 같았다. 그래도 폴은 아랑곳하지 않고 일을 계속했다.

"야, 네가 힘들어하는 걸 보니까 미치겠어. 그렇다고 도와줄 수도 없고……."

형이 안타깝게 말했으나 폴은 웃으며 말했다.

"도와줄 일이 곧 생길 거야."

"뭐라고? 내가 너를 도울 일이 생길 거라고?"

"응."

"그러면 실격이 되잖아?"

형이 궁금해하며 물었다.

"그런 일은 없을 거야."

곧 날이 어두워지자 폴은 손전등을 나무에 걸어놓고 살구 따기를 계속했다. 주위에서 살구를 따던 어른들은 깜짝 놀랐다. 어른들은 더듬더듬 살구를 따는데 폴은 그때부터 신이 났다. 그는 손전등의 불빛을 받으며 팔이 아픈 줄도 모르고 살구를 계속 따 나갔다. 그리고 정말 형이 폴을 도울 일이 생겼다. 나무를 옮

십일조로 복 받은 세계 부자들

겨 손전등을 수거하고 달아 주는 일이 형의 역할이 되었다. 나무 하나에서 살구를 딸 동안 형은 손전등 하나를 다른 나무에 달아 주었다. 폴이 손전등을 두 개 가지고 갔던 것은 이유가 있었다.

이렇게 살구를 채운 상자는 늘어 갔다. 하지만 어린 폴은 차츰 지쳐갔다. 밤이 깊어갈수록 팔을 들어 올리기 힘들었고 팔도 무감각해져 가는 것 같았다. 손가락도 통통 부어올랐다. 손가락을 천으로 감았으면 좋겠다고 생각했다. 상황이 이래도 폴은 반드시 이겨야 한다는 생각에 포기하지 않았다. 동쪽 하늘이 희뿌옇게 밝아올 때쯤 형이 기쁜 목소리로 외쳤다.

"폴! 네가 해냈어, 백 한 상자를 땄다고! 넌 이제 살구 따기 세계 기록 보유자야."

형이 폴을 꼭 부둥켜안았다. 폴은 24시간 동안 50파운드 상자 101개를 채워 새로운 기록을 세웠다.

폴의 도전정신을 보여 주는 일화는 무수히 많다. 그중 군 복무 중에 세운 윗몸 일으키기 기록이 있다. 2차 세계대전이 일어나자 그는 대학을 가는 대신 공군에 입대했다. 그는 낙하산부대 체육교관이었는데 마침 윗몸 일으키기 시합이 있었다. 폴은 도전정신이 발동해 시합에 참여했고 놀랍게도 윗몸 일으키기를 단숨에 3,500개나 해내는 기록을 세웠다.

군 제대 후 폴은 대학에 진학했지만, 그는 불과 90일 만에 학교를 그만두었다. 학교생활이 적성에 맞지 않았다. 큰 강의실에 100~200명씩 모여 수업을 듣는데 교수는 학생을 일일이 파악하고 가르치는지 의심이 들었다. 개인의 특성이나 적성은 아랑곳하지 않고 모두 똑같은 지식을 주입하는 꼴이었다. 그는 차라리 혼자서 공부하는 편이 낫겠다고 생각하고 자퇴서를 내고 도서관으로 향했다. 도서관에는 수많은 책이 있었다. 필요한 것을 공부하는 데에 도서관은 전혀 부족하지 않았다. 그는 온종일 책을 읽으며 책의 저자들과 대화하는 즐거움을 느끼며 점점 동기부여와 심리학 서적에 심취했다. 폴은 깨달았다.

'남 흉내를 내는 것은 결국, 자기 자신을 죽이는 일이야.'

역사상 모든 천재는 자신의 독특한 세계를 구축하며 빛을 남겼다. 폴은 책을 읽으면 읽을수록 자기 성격이 비즈니스에 맞고 이것이 자신이 가장 잘할 수 있는 일이라고 여겼다. 그는 책을 읽으면서 자신의 취약한 부분을 진단하고 스스로 처방을 찾아냈다. 그의 이런 행동은 아버지에게서 받은 교육의 영향이라고 볼 수 있다.

폴은 드디어 '무엇이든 해낼 수 있다'는 내재된 힘을 꽃피우고자 생명보험 세일즈에 뛰어들었다. 그러나 그 출발은 순탄하지 못했다.

십일조로 복 받은 세계 부자들

"사랑은 오래 참고 사랑은 온유하며 시기하지 아니하며 사랑은 자랑하지 아니하며 교만하지 아니하며 무례히 행하지 아니하며 자기의 유익을 구하지 아니하며 성내지 아니하며 악한 것을 생각하지 아니하며 불의를 기뻐하지 아니하며 진리와 함께 기뻐하고 모든 것을 참으며 모든 것을 믿으며 모든 것을 바라며 모든 것을 견디느니라 사랑은 언제까지나 떨어지지 아니하되 예언도 폐하고 방언도 그치고 지식도 폐하리라"(고전 13:4~8).

02

큰 목표를 정하라

그리스도와 오래 걸을수록 그분이 나를 통해 무엇을 하시려는지 잘
깨닫게 된다.

자동차 세일즈맨과의 만남

폴 마이어가 세일즈 업계에 입문하는 데에 어려움이 있었다. 아
버지의 반대였다.

폴이 살구 따기 대회에서 우승하고 집에 돌아가자, 아버지는
흥분해 있는 두 아들을 보며 시큰둥하게 말했다.

"밤잠을 한숨도 못 자고 일해서 번 돈이 25달러 25센트구나.
대단한 일을 했지만 네가 10년 후에도 살구를 딴다면 과연 얼

마나 돈을 벌 수 있을까?"

졸음에 겨워 눈을 반쯤 감은 채 밥을 먹던 폴은 아버지의 말에 도전하듯 대답했다.

"아버지, 저는 살구 따는 일에는 관심 없어요. 이건 그냥 도전이에요. 저는 세계 제일의 세일즈맨이 될 거예요!"

아버지는 어이없다는 표정으로 아들을 바라보더니 소리를 질렀다.

"뭐라고, 세일즈맨이라고? 네 할아버지는 유럽에서 기관사로 평생을 사셨다. 그리고 나는 캐비닛을 만드는 장인이다. 우리는 대대로 이어온 기술자 집안이야. 그런데 세일즈맨이라고? 나는 내 아들이 장사꾼이 되는 것을 바라지 않아!"

그러나 폴은 이미 자기 꿈을 결정했다. 거기에는 그럴만한 이유가 있었다. 그 무렵 폴은 마을 어귀에서 좌판을 벌여놓고 과일을 팔았다. 그런데 폴의 단골 중에 단연 눈에 띄는 남자가 있었다. 그는 행색부터 마을 아저씨들과 달랐다. 폴이 그동안 본 마을 사람은 아버지의 캐비닛 공장 직원들과 마을 농부들뿐이었다. 공장 직원들은 늘 작업복 차림이었고, 농부들은 낡은 바지에 흙 묻은 장화를 신고 마을을 돌아다녔다. 그런데 그 남자는 반들반들 윤이 나는 구두에 단정하게 빗은 머리, 다림질이 잘 된 양복을 입고 다녔다. 거기다 자동차를 몰고 다녔다.

폴이 과일을 팔고 있을 때 그가 탄 자동차가 멈추고 창문이 열렸다.

"어이, 리틀 마이어! 장사는 잘 되고 있니?"

그는 단골이라서 폴의 이름을 알고 있었다.

"저 과일 한 봉지 싸줘."

그는 차에서 내리지도 않고 고개를 내민 채 주문을 했고, 폴은 과일을 봉지에 담아 주곤 했다. 그가 떠나자 폴은 장사할 생각도 하지 않고 멀어져 가는 차를 넋을 잃고 바라보기 일쑤였다. 어느 날, 그 남자가 시간 여유가 많은지 차에서 내려서 과일을 살피며 주문을 하자 폴은 그 기회를 놓치지 않았다.

"아저씨는 뭐 하는 분이세요?"

"나도 너처럼 세일즈맨이야. 그런데 나는 자동차를 팔지."

순간 폴은 세일즈맨이라는 말에 정신이 혼미해졌다. 자동차가 아니라 세일즈맨이라는 말 때문이었다. 길거리에서 과일을 파는 내가 저 사람처럼 세일즈맨이라니!

폴은 많은 것이 궁금했지만, 그 말을 듣는 순간 아무 생각이 없어졌다. 남자는 빳빳한 지폐 한 장을 내밀면서 환하게 웃으며 말했다.

"미래의 세일즈맨, 많이 팔아."

폴은 남자가 떠나고 난 후 한동안 생각에 잠겼다.

'내가 미래의 세일즈맨이라고? 맞아, 나도 수리한 자전거 300 대를 팔았지. 열두 살 때는 〈리버티 매거진〉 예약 구독자 모집 콘테스트에서 1등도 했어. 그러고 보니 난 세일즈에 재능이 있나 봐. 저 남자처럼 멋진 세일즈맨이 되고 싶어. 아니, 저 남자보다 더 멋진 세일즈맨이 될 거야. 최고가 될 거라고. 그런데 최고가 되려면 무엇부터 해야 하지?'

그날부터 폴의 머릿속에는 오로지 세일즈맨에 대한 생각만 있었다.

어느 일요일, 폴은 교회에서 그 세일즈맨을 보았다. 그는 교회에서도 단연 돋보였다. 다른 사람들은 후줄근한 옷을 입고 있었는데 그는 반들반들 윤이 나는 양복에 빛나는 구두를 신고 있었다. 얼굴의 표정도 한없이 밝고 부드러웠다. 폴은 그를 선망의 눈으로 바라보며 다시 한 번 결심했다.

'나는 반드시 저런 멋쟁이 세일즈맨이 될 거야!'

진심으로 고객을 감동하게 해라

폴 마이어는 당시 세일즈의 꽃인 생명보험 세일즈에 뛰어들었지만, 출발은 순탄하지 못했다. 이미 밝혔듯이 그는 면접에서 무려 57번이나 떨어졌다. 그런 끝에 겨우 취직을 했으나 실적은 보잘것없었다. 9개월 동안 월평균 수입이 87달러에 불과했다. 그러나 그의 책상에는 여전히 '매출 100만 달러'라고 쓴 종이가 붙어 있었다. 동료들은 그런 목표를 비웃었지만, 마이어는 아랑곳하지 않았다.

'이왕 세일즈하려면 거물급을 만나야 해. 만나기가 어렵겠지만 한번 성사되면 금액이 차원이 다를 거야. 나는 큰 사람을 상대하는 세일즈맨이 될 거야.'

그는 뉴욕 시내 중심가에 서서 고급 승용차가 지나가면 차 번호를 재빨리 적고 그 사람의 주소로 찾아갔다. 바쁘다는 핑계로 만나주지 않는 사람들이 많았지만, 마이어는 특유의 끈기와 친화력으로 그들을 공략했다.

어느 날 회사의 인사 담당자가 그를 불러놓고 인성 검사 결과를 이야기하며 냉정하게 말했다.

"자네는 세일즈에는 적합하지 않은 성격이라고 나왔어. 내성적이고 비사회적인 성격이라는 결과가 나왔네. 알고 있겠지만 세일즈란 남을 설득하는 일 아닌가? 내 경험으로 볼 때 이런 사람은 일을 시작해도 얼마 못 견뎌. 그런데도 이 일을 계속할 건가?"

"예. 저는 무슨 일이 있어도 이 일을 할 겁니다. 조금 있으면 그 결과가 나타날 것입니다."

십일조로 복 받은 세계 부자들

마이어가 그렇게 말하자 인사 담당자는 잠시 생각한 끝에 결론을 내렸다.

"정말로 원한다면 한 번 기회를 주겠네. 보통은 이런 검사 결과가 나오면 사람들은 회사를 떠나는 경우가 대부분이야. 자네는 좀 다르군. 자네 의욕은 높이 살 만해. 지켜보겠네."

그날부터 폴 마이어는 더욱 분발했다. 그는 매일 자신의 일과를 꼼꼼하게 기록했다. 자신과 미팅한 사람은 물론 거절한 사람들의 명단과 그 이유, 그리고 그들에 관한 정보를 꾸준히 정리했다. 또 그들의 출퇴근 시간과 취미, 가족 사항까지 주변에서 들은 내용 모두를 기록했다. 9개월이 지나자 그의 월수입은 3,000달러를 넘어섰고 희망의 빛이 보이기 시작했다.

마이어는 수없이 찾아가도 한 번도 만나주지 않은 사장들을 다시 방문했다. 그는 바쁘다는 핑계를 대는 사장 비서에게 작은 선물 상자를 포장해서 건네주었다. 예쁜 리본으로 장식한 상자 안에는 간단한 내용의 메모를 넣어 놓았다. 가령 주말에 빠짐없이 교회에 가는 사람에게는 이렇게 적었다.

"사장님 저는 날마다 하나님을 만날 수 있는데, 어째서 사장님은 만날 수 없는 걸까요? 사장님은 하나님보다 더 높으신 분인가 봐요?"

또 낚시를 즐기는 사람에게는 이렇게 적었다.

"기막힌 낚시 포인트를 알고 있습니다. 그런데 사장님을 만날 수 없어 알려드릴 기회가 없습니다."

메모를 받은 사람들은 호기심에 마이어에게 전화를 걸었다. 마이어는 그들을 만나서도 절대 서두르지 않았다. 처음부터 보험 이야기를 하지 않았다. 그는 미리 수집한 정보를 최대한 활용해 상대방의 마음을 열었다. 그러면서 보험의 필요성을 충분히 설명하고 상대가 원할 때가 아니면 계약서를 내놓지 않았다. 폴이 가장 중요하게 생각한 고객 접근 방식은 진심을 다하는 것이었다. 그는 진심으로 고객을 감동하게 하는 것이 세일즈의 기본이라고 여겼다. 그러면서 차츰 계약이 이루어지기 시작했다.

신화를 만들다

어느 날 마이어는 길을 가다가 멋진 스포츠카 한 대를 보게 되었다. 그 차는 아무나 탈 수 없는 명차였다. 그는 습관대로 수첩에 차량 번호를 적고 곧바로 차적을 조회했다. 그리고는 차 주인에게 다음과 같은 편지를 했다.

"사장님께 성공 비결을 배우고 싶습니다. 절대 어떤 부탁을 하려는 것이 아닙니다. 부디 15분만 시간을 내서 성공의 지혜를 나누어 주십시오."

그 사람도 역시 쉽게 만나주지 않았으나 그렇다고 포기할 마이어가 아니었다. 그는 계속해서 전화를 걸었다. 끈질긴 요청 끝에 스포츠카 주인은 방문을 허락했다. 차 주인을 찾아간 마이어는 정중하게 인사하고 진지한 자세로 성공의 비결을 말해 달라고 부탁했다.

"저에게 성공의 지혜를 나누어 주십시오. 평생 마음에 새기며 인생의 지침으로 삼겠습니다."

이렇게 시작한 대화는 두 시간이 넘게 계속되었다. 상대방은 시간 가는 줄도 모르고 이야기를 했다. 폴이 진지하고 진심 어린 태도로 자신의 이야기를 들어 주었기 때문이다. 중간에 폴이 약속 시간을 많이 넘겼다고 알렸지만 개의치 않았다.

"오늘은 별로 일정이 없으니까 더 이야기합시다."

진심으로 알고자 하는 마음이 그에게 전해진 탓이었다. 그래도 마이어는 자리에서 일어설 때 정중히 사과했다.

"너무 많은 시간을 빼앗아서 죄송합니다. 제게 들려주신 말씀은 평생 제 삶의 밑거름으로 삼겠습니다. 정말 감사했습니다."

그러자 집주인이 비로소 물었다.

"그런데 젊은이의 직업은 뭔가요? 혹시 내가 도움이 될지도 모르니 말해 봐요."

마이어는 다시 한 번 정중히 사과했다.

"편지에 약속드린 대로 다른 도움은 청하지 않겠습니다. 성공의 비결을 들려주신 것만으로도 제게는 큰 도움이 되었습니다."

하지만 그런 마이어의 자세를 훌륭하게 여긴 상대방도 물러서지 않았다.

"그렇다고 명함도 주지 않고 가는 것은 곤란해요."

마이어는 하는 수 없이 자신의 생명보험회사 세일즈맨 명함을 주었다. 명함을 받은 상대방은 크게 고개를 끄덕이며 말했다.

"당신과 같은 보험 세일즈맨이라면 신뢰가 갑니다. 당신처럼 적극적이고 성실하다면 분명 크게 성공할 수 있을 겁니다."

그러면서 그 자리에서 자신에게 필요한 보험 상품을 소개해 달라고 청했다.

"오늘은 그냥 제가……."

"아닙니다. 당신을 보니 내가 사업을 시작할 때 생각이 납니다. 나도 이제 나이가 들어가니 생명보험 하나쯤은 들어 두어야 할 것 같습니다. 어서 소개해 주십시오."

마이어는 그의 상황을 세세하게 질문하고 신중히 생각한 끝에 상품을 소개했다. 마이어의 세일즈 태도에 만족한 그는 마이어가 제시한 금액보다 훨씬 큰 거액의 보험에 가입해 계약서에 서명했다.

마이어는 이런 식으로 해서 입사한 지 1년 정도 무렵 자신이 세운 100만 달러 매출 목표를 달성했다. 월 3,000달러의 수입을 가까스로 올리고 겨우 체면을 차리기 시작한 지 불과 3개월 만의 일이다. 그는 책상에 붙여둔 종이를 떼어내고 다시 새로운 목표를 정했다.

'매출 목표 400만 달러!'

마이어는 생명보험의 필요성을 고객이 먼저 느끼도록 충분히 알리고 깨닫게 하는 데 많은 노력을 했다. 그러기 위해 먼저 자기 자신도 큰 액수의 보험에 가입했다. 우선 자신의 가치를 높여야 한다고 판단했기 때문이다. 자신의 가치를 높이지 않고서 생명보험의 가치를 고객에게 전달한다는 것은 진정성이 떨어진다고 여겼기 때문이다.

회사 사람들은 마이어가 세워나가는 신기록에 놀랐다. 특히 마이어에게 세일즈가 적성에 맞지 않을 것 같다고 말하던 인사 담당자가 그랬다. 그는 일부러 마이어에게 밥을 사면서 마이어에게 성공담을 듣기도 했다. 인사 담당자는 마이어의 세일즈 방식을 성적이 부진한 사원들에게 교육하면 좋겠다고 말하고 마이어도 선뜻 동의했다. 그렇게 해서 회사에서는 마이어에게 세일즈법을 교육하는 새로운 부서를 만들어 책임지게 했다. 마이어는 자신의 성공 이론을 동료들에게 나누어 주었다. 자신이 직접 경험해서 성공한 세일즈법을 교육했다. 이렇게 마이어는 보험 세일즈계의 리더의 길을 시작했다.

회사에 입사한 지 1년 만에, 그것도 실적이 전무했던 사람이 불과 몇 개월 만에 100만 달러를 달성했다는 사실은 기적 같은 일이었다. 그때 마이어는 스물일곱 살이었다. 다음 해에 마이어는 자신의 목표인 400만 달러를 계약하는 경이적인 기록을 세우며 백만장자 대열에 끼게 되었다. 기네스북에까지 오른 보험 세일즈의 기린아는 여기서 머물지 않고 또 다른 일을 벌여나갔다.

> "너희가 만일 꿈과 그 해석을 보이면 너희가 선물과 상과 큰 영광을 내게서 얻으리라 그런즉 꿈과 그 해석을 내게 보이라 하니 그들이 다시 대답하여 이르되 원하건대 왕은 꿈을 종들에게 이르소서 그리하시면 우리가 해석하여 드리겠나이다 하니 왕이 대답하여 이르되 내가 분명히 아노라 너희가 나의 명령이 내렸음을 보았으므로 시간을 지연하려 함이로다"(단 2:6~8).

성공의 기술을
나누다

평범한 사람은 자신의 잠재능력을 단 10퍼센트만 활용하고 있다.

꿈꾸는 것을 시각화하라

스물일곱 살에 백만장자가 된 폴 마이어는 서른한 살이 되자 억
만장자 반열에 올라섰다. 보험업계의 정상에 올라선 선 그는 다
른 고지를 바라보았다. 그는 텍사스 주 웨이코 시에 있는 로즈
레코드 주식의 20퍼센트를 샀다. 당시 로즈 레코드는 일반인에
게는 잘 알려지지 않은 작은 회사였다. 로즈 레코드는 종교인의
강연이나 설교 프로그램 등을 녹음해서 판매하는 곳이었다.

마이어는 그 회사의 미래 가치를 보았고 자신의 리더십을 그곳에서도 증명할 수 있다고 판단했다. 그는 직접 회사 대표를 찾아가서 세일즈 매니저직을 자청했다.

"좋습니다. 생명보험 회사 경력을 보니 정말 놀랍군요. 우리 회사를 제대로 키워 주십시오."

로즈 레코드의 사장은 주식까지 사고 세일즈 매니저직을 자청한 폴 마이어에게 전국 판매 본부장 자리를 내주었다. 아직 전국적인 판매망도 제대로 구축되지 많은 회사였다. 그러니 사람들은 폴이 왜 그런 일을 하는지 이해하지 못했다.

폴이 본부장이 되고 얼마 지나지 않아서 매출이 크게 늘어났다. 제품의 품질이 좋아지거나 광고를 많이 해서가 아니었다. 폴이 직원들을 관리하면서 직원 각자에게 맞는 목표를 설정해 주고 그것을 책상에 붙여 놓게 한 것뿐이었다. 자신이 보험회사에서 썼던 어퍼메이션(Affirmation) 기법을 로즈 레코드에서도 적용한 것이다. 어퍼메이션은 한마디로 자신에게 긍정적인 말을 거는 선언이다. 심리학에 따르면 의식은 인간의 뇌가 벌이는 사고 활동의 10퍼센트만 차지할 뿐 무의식이 90퍼센트를 차지한다. 무의식은 평소에 드러나지 않다가 진심으로 원하는 것, 즉 소망이나 신념, 목표와 같은 것들에서 표출된다.

따라서 자신이 원하는 것을 청사진으로 만들어 놓고 눈에 띄

십일조로 복 받은 세계 부자들

는 곳에 붙여두고 수시로 들여다보면 본인이 바라는 방향으로 자신의 의식이나 마음가짐이 바뀐다.

폴 마이어는 자신이 개발하고 성공을 거둔 어퍼메이션 세일즈 기법을 직원들에게 이식한 것이다. 그는 한 사원에게 물었다.

"자네는 수입이 열 배로 오르면 무엇을 제일 먼저 하고 싶은가?"

그러자 그는 한참 궁리를 하더니 이렇게 대답했다.

"차를 바꾸겠어요. 지금 타고 있는 구형 차는 언제 멈출지 모르거든요. 성능 좋은 최신식 스포츠카를 사고 싶어요."

"좋아. 그럼 나를 따라오게."

폴이 그를 데리고 간 곳은 최신식 스포츠카를 파는 매장이었다. 폴은 스포츠카에 직원을 태우고 자세를 취하게 한 다음 사진을 찍었다. 또 그는 멋진 집을 원하는 직원에게는 그가 꿈꾸는 집에 데려가 정원을 가꾸는 모습을 연출해 사진을 찍었다. 그리고 그 사진을 사무실에 마련한 개인 실적표 옆에 붙여놓았다.

"영업을 나가기 전, 매일 자기 사진을 보고 내 꿈이 실현될 수 있다고 몇 번씩 반복해서 소리 내어 말하세요. 그러면 꿈은 반드시 이루어집니다."

사원들은 처음에는 쑥스러워 마지못해서 따라 했지만, 점차 사진 속에 있는 자신의 모습이 되기 위해 마음을 다잡았다. 꿈을 실현할 수 있다는 믿음으로 구호를 외쳤다. 자신이 되고 싶은 미래의 모습을 눈앞에 붙여놓고 매일 어퍼메이션을 하자 놀라운 결과가 나타났다. 매출이 올라가기 시작한 것이다.

폴 마이어는 구체적인 목표는 긍정적인 에너지를 만든다는 것을 확신했다. 그는 쉬지 않고 사원들과 상담하고 좌절하거나 주저앉으려는 사원에게 다가가 그들의 버팀목이 되어 주었다. 폴은 사원들에게 자신이 난관에 부딪힐 때 어떻게 불가능을 가능하게 했는지를 이야기해 주었다. 얼마 지나지 않아서 챔피언들이 탄생하기 시작했다. 자신들의 목표를 이루어 스포츠카로 바꾸고 새집을 장만하게 되었다.

로즈 레코드는 폴 마이어가 본부장으로 일한 지 18개월 만에 전국 판매망을 확보하고 사원은 1,500명으로 늘어났다. 매출은 무려 1,200퍼센트나 신장했다. 누구도 예상하지 못한 대기록이었다. 그것은 폴 마이어가 우연히 보험의 제왕이 된 것이 아님을 입증했다.

또한, 이것은 폴 마이어에게 다른 사업을 꿈꾸게 만드는 계기가 되었다. 성공에는 동기부여가 필요하다는 신념을 갖게 된 그는 개개인의 잠재된 능력을 깨우고 그들에게 성공을 위한 엔진을 달아주는 사업을 해야겠다고 마음먹게 된다.

열렬히 소망하며, 이뤄질 것을 믿으라

1960년 폴 마이어는 '성공 동기부여 인터내셔널(SMI)'을 설립하기 위해 과감하게 회사를 떠났다. 세일즈로 돈 버는 것에 만족하지 않았기 때문이다. 그는 자신이 그간 연구해온 '성공의 원리'를 다른 사람들에게 나누어 주고 싶었다. 그는 자신이 이룬 성공이 자기 혼자만의 것이 아니라고 생각했다. 하나님은 모든 사람에게 은사를 주셨고 하나님의 형상대로 창조된 사람은 그만한 능력이 있다고 믿었다.

사람들은 그가 무모한 일을 벌인다고 걱정했다. 심지어 되지도 않은 일을 벌인다고 비웃기도 했다. 당시 사람들이 생각하기에 성공 프로그램을 판매한다는 것은 몽상가의 망상에 지나지 않는 뜬구름 잡는 일이었다. 하지만 마이어는 새로운 사업에서도 성공을 거둘 자신이 있었다.

그는 이미 억만장자였지만 SMI를 거창하게 시작하지 않았다. 허름한 차고를 개조해 사무실을 만들고 직원 두 사람으로 출발했다. 그 작은 회사의 바탕에는 오로지 그가 걸어온 인생 경험이 있었다. 그의 시작이 그랬던 것처럼 SMI도 보잘것없는 바탕에서 출발했다.

사원 중 한 사람은 로즈 레코드사에서 일할 때 그가 발탁한 사람이었다. 마이어는 그를 새로운 사업의 파트너로 데려왔다.

그의 이름은 존 쿠크였다. 그는 죽음의 문턱을 여러 번 넘나들었지만, 마이어의 도움을 받아 삶에 대한 의지를 꺾지 않고 인생을 새롭게 시작한 사람이었다. 그의 몸은 아직도 회복이 필요했지만, 마이어는 누구보다도 그를 신뢰해서 새로운 사업의 동반자로 삼았다. 업무가 시작된 첫날, 마이어는 두 명의 사원 앞에서 자신이 회사를 설립한 취지를 설명했다.

"나는 그동안 줄곧 이런 회사를 만들 생각을 해왔고 준비해왔습니다. 살구 따기 대회에 나가 챔피언이 된 후부터 생명보험회사의 최고 세일즈맨이 된 내가 이룬 성공 사례를 시스템화하고 조직화해서 그 성공 원리를 사람들에게 알리고 싶었습니다. 이제 그 꿈이 이루어진 것이지요. 나는 로즈 레코드에서 일하면서 수많은 사람이 꿈을 성취하는 일을 도왔습니다. 그 일은 그어떤 일보다 보람 있었습니다. 그렇지 않은가요, 존?"

존은 마이어와 눈빛을 마주치면서 고개를 끄덕이며 웃었다.

세 사람이 시작한 SMI는 인간의 능력을 최대한으로 살리는 '성공 도식'이라는 코스 프로그램을 판매했다. 그 프로그램 안에는 폴 마이어의 30여 년 동안 이어온 인생 실험의 성과가 들어 있었다. 인생을 바꾸고 싶은 사람들이 주 고객이었다. 한마디로 SMI는 인간의 가능성을 최대로 끌어내 주는 프로그램을 판매했다.

SMI는 마이어의 성공법칙에 따라 눈부시게 성장했다. 그는 계속해서 자기계발 프로그램을 만들어 세상에 내놓았다. 그는 많은 사람이 이 프로그램을 접해 성공적인 인생을 살아가는 데 도움을 주고 싶었다. 마이어는 젊은 사람을 모집하고 스스로 발로 뛰며 몸소 터득한 성공원리를 체계적으로 가르치고 훈련해 그들을 성공의 길로 인도했다. 그 결과 SMI를 통해 많은 사람이 변화되었다. 이 프로그램은 미국 전역과 세계 각국 언어로 번역, 배포되면서 공전의 히트를 했다. 그는 마침내 자신이 체험하고 점검한 성공방식 프로그램으로 전 세계 수많은 사람을 성공의 길로 이끈 것이다.

마이어는 어느 언론과의 인터뷰에서 "왜 모두 버리고 SMI이라는 회사를 시작했냐?"는 질문에 이렇게 대답했다.

"모두 나를 바보라고 했습니다. 대성공을 거둔 보험업계를 떠나 무엇인지도 모를 일을 시작하니 모험이 지나치다는 거죠. 나는 분명히 보험업계에서 성공했습니다. 하지만 어쩐지 만족감이 없었습니다. 나의 가능성을 충분히 발휘하지 못했기 때문이죠. 내가 가장 열중하고 행복하다고 느끼는 순간은 보험을 팔 때가 아니라 동료나 부하들에게, 어떻게 하면 본래 그들이 가지고 있는 힘을 발휘할 수 있느냐를 설명할 때였습니다.

나보다 학력도 높고 능력도 많은 사람이 어째서 성적이 오르지 않을까 하는 생각을 하면 가만히 있을 수 없었습니다. 조금이라도 그 가능성을 끌어내 주고 싶었어요. 그래서 이것이야말로 나에게 가장 적합한 일이라고 생각하게 된 거죠."

폴 마이어는 목표를 이루는 데 있어서 장애는 있을 수 있지만, 목표만 분명하다면 그 장애를 넘는 방법이 반드시 있다고 말한다.

"불가능하다고 생각하고 있던 것은 자기 자신이었습니다. 자신도 모르는 사이에 장애를 만들고 단념하고 있었던 것입니다."

"인생에서 실패하는 사람의 90퍼센트는 진짜로 패배한 것이 아니었습니다. 다만 그만두었을 뿐입니다."

SMI의 성공에 자신감을 얻은 마이어는 또 다른 아이디어를 냈다. '리더십 매니지먼트 인터내셔널(LMI)'을 설립한 것이다. 그는 LMI에서도 커다란 성공을 거두었다. LMI는 이름에서도 알 수 있듯이 성공학과 리더십을 전파하는 회사다.

SMI와 LMI의 프로그램은 현재 전 세계 80개국에서 23개 언어로 번역, 배포되어 수많은 사람을 성공의 길로 인도하고 있다. 폴 마이어는 말년에 이르러 교육, 컴퓨터소프트웨어, 금융, 부동산, 인쇄, 제조, 항공 등 40여 개가 넘는 회사를 운영하기에 이른다.

텍사스의 웨이코 시에 있는 LMI 본사에 가면 현관에 다음과 같은 말이 걸려 있다.

"당신의 마음속에 선명하게 그림을 그리고, 열렬히 소망하며, 깊이 믿고, 그를 위해 열의를 갖고 행동하면, 어떤 일이라도 반드시 실현된다."

목표를 설정하라

폴 마이어가 성공의 인생을 살아가는 데 있어서 가장 강조하는 것은 목표다. 그는 자신의 책에서 자신이 성취한 일 중 75퍼센트는 목표를 설정했기 때문에 가능했다고 말한다.

"목표란 우리가 겨냥해야 할 과녁 정도가 아닙니다. 그보다 훨씬 더 중요한 의미가 있습니다. 계획을 구체화하고 그 달성 기한을 정할 때, 구체화된 그 목표에 불가사의한 힘이 깃들게 됩니다."

목표의 중요성을 이야기할 때 마이어는 미시간 주 한 형제에 대한 이야기를 즐겼다. 형제는 성년이 되면서 나란히 제너럴 모터스(GM)의 도장공장에서 일했다. 그런데 세월이 흐른 후 두 사람은 완전히 다른 위치에 있게 되었다.

정년퇴직 무렵, 형은 여전히 도장공이었지만, 동생은 GM의 사장이 되어 있었다. 두 사람의 학력이나 사회적 능력이 비슷했는데 어떻게 이런 차이가 생기게 되었을까? 마이어는 그 점에 무척 흥분했고 그 원인을 연구했다.

마이어가 쓴 책에는 다음과 같은 이야기가 나온다. 신문기자가 도장공으로 퇴직한 형에게 그 이유를 물었다. 그러자 형이 이렇게 대답했다.

"출세를 위한 시간도 돈도 없었어요."

신문기자가 이해가 되지 않는다는 듯 되물었다.

"같은 조건에서 동생은 GM의 사장이 되었잖아요?"

그러자 형은 이렇게 대답했다.

"아, 그는 야심가니까요."

과연 둘 사이에 무슨 차이가 있었을까? 폴 마이어는 이런 결론을 내렸다.

"목표가 있느냐 없느냐의 차이죠. 동생은 지금 있는 자리에 잠시도 안주하지 않고, 목표를 정하고 달성해 나갔어요. 그는 형이 제자리에 머무는 동안 계속 새로운 목표를 설정했고, 조금씩 앞으로 나아갔던 것입니다."

마이어는 장애물을 끊임없이 넘을 수 있게 하는 힘은 바로 정상이라는 목표 때문이라고 생각했다. 이 형제의 사례에서 보듯 성공한 사람들은 특별한 재능이 있어서 목표를 이룬 게 아니다. 작은 일부터 큰일까지 구체적인 목표를 세우고 성실하게 실행하는 것에서 사람의 운명은 판가름이 난다. 그리고 그것은 누구나 실천할 수 있는 일이었다. 폴 마이어는 사람들에게 이렇게 말한다.

"종이를 꺼내어 지금까지 생각했던 것, 원했던 것은 모두 적으십시오. 한 페이지를 다 채웠으면 다른 종이에 쓰십시오. 다 작성했다면 이제 꿈을 달성할 준비를 한 셈입니다. 목표를 향해 나아갈 때는, '100만 달러 성공 계획'이라고 부르는 다섯 가지 기준을 사용하십시오. 이것은 내가 목표를 평가하는 데 이용했던 기준입니다. 나는 다음과 같은 다섯 가지 기준을 검토

하고 나서 목표를 추구했습니다."

폴 마이어가 말하는 다섯 가지 성공 계획은 이렇다.

첫째, 목표에 대한 생각을 구체화했는가? 성취하고자 하는 구체적인 목표를 결정하라. 그런 다음 십자군 전사와 같은 열정과 확고부동한 목적의식을 갖고, 그 목표를 달성하는 데 전념하라.

둘째, 구체화한 목표를 달성할 계획과 기한을 정했는가? 매시간, 매일, 매월 목표 달성의 경과를 신중하게 계획하라. 체계화된 활동과 지속적인 열정이 힘을 솟게 하는 원천이다.

셋째, 인생에서 원하는 것을 얻기 위해 불타는 열망이 있는가? 불타는 열망은 인간 행동에 최고의 동기를 불어넣어 준다. 성공 의식을 심어주고, 그것은 다시, 힘차게, 점점 증강되는 성공 습관을 만들어 준다.

넷째, 자신의 능력을 믿는가? 실패할 수 있다는 생각은 하지 말라. 약점 대신 강점에, 문제점 대신 능력에 집중하라.

다섯째, 환경과 비판에 구애받지 않고 이 일을 하는 데 필요한 것이면 어떤 대가도 치르겠다는 각오가 있는가? 끊임없이 노력하고, 주의를 기울이며, 힘을 집중시키겠다고 결의를 다지라. 기회는 기다리기만 하는 사람에게 절대 오지 않는다. 싸워서 쟁취하는 사람이 기회를 붙잡는다.

이 다섯 가지 질문에 주저 없이 '예'라고 답했다면, 마이어는 자기 자신에게 두 가지 질문을 더 해 보라고 한다. '이 일은 과연 내게 가치가 있는가?', '나는 필요한 시간과 돈과 노력을 기꺼이 투자하겠는가?' 이 두 가지 질문에 확신이 서면 곧바로 시작하면 된다. 목표를 위해 모든 에너지와 시간과 노력을 투자한다면 성공에 이르는 필요조건을 모두 갖춘 셈이다.

"그 너비와 길이와 높이와 깊이가 어떠함을 깨달아 하나님의 모든 충만하신 것으로 너희에게 충만하게 하시기를 구하노라 우리 가운데서 역사하시는 능력대로 우리가 구하거나 생각하는 모든 것에 더 넘치도록 능히 하실 이에게 교회 안에서와 그리스도 예수 안에서 영광이 대대로 영원무궁하기를 원하노라 아멘"(엡 3:19~21).

04

청지기의 삶,
청지기의 역할

포드는 자동차에 미쳐 있었다. 에디슨은 전기에 미쳐 있었다. 당신이 무엇에 미쳐 있는가를 점검해 보라. 당신이 미쳐 있는 그것은 반드시 실현되기 때문이다.

내 것이 아니다

어느 날, 폴 마이어는 스코틀랜드의 세인트 앤드루스 대학에서 강연했다. 학생과 교직원, 그리고 그 지역 목회자들도 많이 참석했다. 그는 그 강연에서 청지기의 삶, 청지기의 역할에 관해 이야기했다.

"여러분, 저는 오늘 '청지기의 지갑'에 대해서 이야기를 하겠습니다. 여러분! 각자의 수표책을 꺼내 보세요."

그러자 사람들은 의아해하면서 각자 주머니에서 수표책을 꺼냈다. 마이어는 사람들을 둘러보며 말했다

"이제부터 지난 90일 동안 어디에 돈을 썼는지를 적어보세요. 그 사용처를 적어서 저에게 보여 주십시오."

사람들은 웅성거리다가 자신이 90일 동안 사용한 돈의 명세를 적었다. 마이어는 다시 말을 이었다.

"제가 일일이 여러분이 돈을 어디에 사용했는지 확인하지는 않겠습니다. 여러분이 작성한 것을 보면 느끼는 것이 많을 것입니다. 그 명세서는 여러분의 마음이 어디에 있는가를 보여줍니다. 우리 마음은 돈이 있는 곳에 있습니다. 여러분의 손에 들려 있는 그것이 증거입니다."

그러면서 마이어는 청지기의 삶을 이야기했다.

"저는 비행기를 타고 여기에 오면서 땅을 내려다보았습니다. 광활한 들판과 짙푸른 산맥, 푸른 초원이 펼쳐진 아름다운 고장이더군요. 드넓은 토지는 주인이 있겠지요? 저는 문득 토지 소유주에 대한 기록을 보관하는 등기소가 생각났습니다. 그곳에는 토지 소유주에 대한 기록이 보관되어 있을 것입니다. 그런데 여러분, 지난 100년 동안 그 땅을 소유하고 있는 사람이 있을까요?"

장내는 아주 조용했다.

"100년 이상 그 땅에 자기 이름을 적어 놓은 사람은 한 명도 없습니다. 반드시 소유권은 바뀌게 마련입니다. 우리는 평생 얼마간의 땅이나 돈, 명예를 얻기 위해 부단히 노력하며 살고 있지만 얼마 후에는 모든 것을 내버려 둔 채 세상을 떠나야 하는 존재입니다. 청지기란 다른 사람이 맡긴 것을 관리하는 사람을 말합니다. 하나님께서 우주를 창조하셨기 때문에 세상 모든 것은 하나님의 것입니다. 우리는 모두 주인이 아니라 청지기입니다. 여러분의 지갑 또한, '청지기의 지갑'이기에 실제로는 여러분 것이 아닙니다. 만약 지난 90일 동안 여러분이 마치 주인인 것처럼 그 지갑을 사용했다면 많은 반성을 해야 합니다. 여러분은 청지기로서 하나님이 시키시는 일을 해야 할 의무가 있습니다."

폴 마이어는 청지기의 철학으로 마음을 비우고 살 수 있었다. 그는 청지기의 삶을 살아가는 방법으로 '십일조'와 '기부'에 대해서 강조했다.

청지기의 삶을 살아가는 사람은 기부의 즐거움을 안다. 마이어는 청기기의 삶에서 가장 큰 기쁨은 기부에서 나온다고 말한다. 대가 없이 모든 것을 주는 것이야말로 진정한 기쁨을 준다. 어떠한 즐거움도 기부의 즐거움과 바꿀 수 없다.

저명한 신학자 찰리 존스는 나눔의 철학을 이렇게 설파한다.

"우리는 나눌 때 즐길 수 있다. 돈만이 아니다. 믿음, 사랑, 재능 모두 나눌 수 있다. 남에게 무엇인가를 주고 있다고 믿는 사람은 그것이 절대로 주는 것이 아님을 깨달아야 한다. 자기가 받은 것의 작은 부분을 나누어 주면서 더 큰 것을 받는 것이다."

수익의 50퍼센트를 기부하다

폴 마이어는 어떻게 수익의 50퍼센트를 기부하게 되었을까? 폴 마이어가 청지기의 삶을 산 데에는 어머니 영향이 컸다. 마이어가 20대 후반에 보험회사에서 제법 성공을 거두고 있을 때다. 어느 날, 그의 집을 방문한 어머니가 집과 자동차, 집안 물건들을 살펴보고는 이렇게 말씀하셨다.

"폴, 나는 네가 빨리 성공한 것이 몹시 걱정스러워. 누가 너에게 이런 재능을 주셨는지, 누가 이 모든 것의 주인이신지 기억하길 바란다. 사탄이 성공을 틈타 진짜 중요한 것을 네게서 빼앗아 갈까 두렵단다. 그렇게 되지 않기를 간절히 기도한다."

성공에 도취해 있던 마이어는 어머니의 말씀을 듣고 자신을 바로잡을 수 있었다.

1969년 어느 날, 마이어의 어머니가 쓰러지셨다. 그리고 며칠 후 병원에서 아들 손을 꼭 잡고 돌아가셨다. 마이어는 어머니가 돌아가시던 날, 평소 사용하던 앞치마 주머니에서 메모를 발견했다.

"S. S. HOPE : 7마일, 7센트."

암호문 같기도 한 그 메모 내용을 유추해 보니 어머니께서 7마일이나 떨어진 S. S. Hope라는 선박 병원까지 걸어가 일한 후 번 7센트였다. 마이어는 그 사실을 알고는 슬픔을 주체하지 못하고 목 놓아 울었다.

"어머니야말로 누구보다 강력하게 청지기의 의무를 실천하신 분이시다."

두 번째 에피소드도 그가 보험 회사에서 한창 성공을 거두고 있을 때 일이다. 그는 미국에서 가장 영향력 있는 20인의 설교자와 연설가들의 모임에 초대되었다. 그 무렵 마이어는 많은 사람에게 부러움과 동경의 대상이었다. 그러나 정작 자신은 그저 돈만 벌면서 사는 것 같아 우울했다. 한 목사에게 속마음을 털어놓자 그가 이렇게 답을 주었다.

"폴, 자네를 향한 하나님의 뜻이 '돈 벌기'가 아닐까? 그것이 하나님께서 자네에게 명하시고 가능케 하신 것일 수 있어. 그것이 바로 자네의 달란트이고 사역이라고 생각하게."

목사의 말은 마이어에게 큰 위안이 되었다. 그는 마음과 영혼의 안정을 되찾고 좀 더 의미 있는 일을 해야 한다는 강박관념에서 벗어날 수 있었다. 하나님께서 자신을 위해 준비한 것이 돈 버는 일이라면 그것을 인정하고 더욱 집중해야 한다고 생각했기 때문이다. 당시는 하나님을 기쁘시게 하거나 세상을 변화시키는 길은 성직자가 되는 것뿐이라고 생각하는 사람들이 많았다. 마이어는 비로소 자기가 돈 버는 일도 사역이라는 사실을 깨달았다.

세 번째 에피소드는 헌금에 관한 이야기다.

마이어는 수입의 10퍼센트를 꼬박꼬박 드리면서 만족감이 있었다. 상당히 많은 돈을 벌었기에 십일조 금액도 상당했다. 젊은 그로서는 자부심이 컸다. 그러던 어느 날, 마이어는 사업가이자 박애주의자인 어떤 사람의 연설을 듣다가 충격을 받았다. 그는 소득의 90퍼센트를 하나님께 드리고, 나머지 10퍼센트로 살고 있었다.

'고작 10퍼센트의 헌금을 하면서 얼마나 교만했던가?'

이후 마이어는 더 많은 헌금을 교회에 바치기로 했다. 그런데 그가 더 많이 드릴수록 하나님께서는 더 많이 돌려주셨다. 그가 이러한 깨달음을 쉽게 얻은 것은 아니다. 십일조를 시작한 지

반년 정도 지났을 때 마이어에게 재앙 같은 일이 찾아왔다. 그가 큰 실수를 하면서 순식간에 순자산의 90퍼센트를 잃고 만 것이다. 마이어는 하나님의 뜻을 알고 싶어 성경을 펼쳐 읽었다. "만군의 여호와가 이르노라 너희의 온전한 십일조를 창고에 들여 나의 집에 양식이 있게 하고 그것으로 나를 시험하여 내가 하늘 문을 열고 너희에게 복을 쌓을 곳이 없도록 붓지 아니하나 보라"라는 말라기 3장 10절의 말씀이었다.

마이어는 이 말씀을 읽고 무릎을 쳤다. 십일조는 '할 여유가 있을 때 남은 것을 드리는 것'이 아니라, 돈이 많든 적든 항상 지켜야 하는 원리였다. 그 후 마이어는 금전 문제로 상담하러 오는 사람들에게 이렇게 말했다.

"십일조를 안 하고 있다면, 내가 해 주는 상담은 아무런 소용이 없습니다. 다른 어떤 고지서나 세금보다 십일조를 먼저 해야 합니다."

그러면 사람들은 당황하며 항변하듯 말했다.

"공과금도 제때 내지 못하는데, 어떻게 십일조를 합니까?"

성경 전체에서 하나님께서 우리에게 '시험해 보라'고 말씀하시는 경우는 단 한 번이다. 바로 말라기 3장 10절이다. 그것을 깨달은 마이어는 순자산의 90퍼센트를 잃었을 때도 십일조를

십일조로 복 받은 세계 부자들

계속했다. 그는 그때 일을 자신의 저서에서 이렇게 밝혔다.

> "그렇다고 하나님께서 내가 감당할 수 없을 정도의 축복을 바로 주셨을까? 대답은 '아니오'다. 십일조를 한 후에도, 상황은 좋지 않았다. 하지만 결국에는 나아졌다. 훨씬 나아졌다. 하나님께서는 항상 약속을 지키신다."

무엇이 청지기를 즐겁게 만드는가? 지킬 만한 무언가가 있기 때문일까? 그 무언가를 지혜롭게 관리할 수 있기 때문일까? 재정적인 면에서 똑똑하다는 사실을 하나님께서 인정하셔서? 모두 사실이다. 하지만 가장 큰 기쁨은 기부에서 나온다. 어느 날 저녁, 마이어는 아내 제인에게 이런 말을 했다.

"오늘 너무 기가 막히게 행복하고 즐거워서 주체할 수가 없어. 죄책감을 느낄 정도라니까."

그날 마이어는 불우한 어린이를 돕는 어떤 모임에 나가 거액의 기부금을 내고 돌아왔다. 그는 기부로 인해 돈은 적어졌겠지만, 엄청난 기쁨을 돌려받았다.

> "네가 이 세대에서 부한 자들을 명하여 마음을 높이지 말고 정함이 없는 재물에 소망을 두지 말고 오직 우리에게 모든 것을

후히 주사 누리게 하시는 하나님께 두며 선을 행하고 선한 사업을 많이 하고 나누어 주기를 좋아하며 너그러운 자가 되게 하라 이것이 장래에 자기를 위하여 좋은 터를 쌓아 참된 생명을 취하는 것이니라"(딤전 6:17~19).

당신은 어디로 가려고 하는가?

위인과 지도자의 삶을 평생 연구해온 리더십 컨설턴트인 존 해기아이는, 잊을 수 없는 인물 다섯을 꼽는다면 그중에 폴 마이어를 꼭 끼워 넣겠다고 말했다. 그는 마이어에 대해 이렇게 이야기한다.

"위인이라고 다 지도자는 아니다. 하지만 지도자인 사람은 위인이라고 할 수 있다. 폴 마이어는 최고의 지도자다. 그는 단순히 일을 이끌어가는 사람이 아니다. 오히려 삶을 창조의 차원으로 끌어올리는 사람이다. 그는 전 세계 수많은 사람에게 좀 더 뜻깊게 살아가는 방법을 보여 주었다."

마이어의 성공 신화는 한 생명보험 회사의 설계사에서부터 시작하여 SMI라는 자기계발 사업에서 거대한 탑을 세우면서 절정에 이른다. 그는 인간의 가능성을 최대로 끌어내는 프로그램을 판매하는 일을 통해 성공 법칙을 자신 있게 이야기하고 성공을 포기한 사람들의 마인드를 바꿔주는 역할을 했다. 폴 마이어는 성공하는 사람들은 세 가지 특징이 있다고 보았다. 긍정적인 사고방식, 목표 지향적 사고방식, 자발적인 동기부여.

첫째, 긍정적인 사고방식은 단순히 낙관적이거나 현실을 외면한 긍정이 아니다. 길이 없는 곳에서 길을 만들고, 무한한 잠재력을 발견하고, 무에서 유를 창조하고, 장애물을 극복할 수 있는 적극적인 사고방식을 말한다.

둘째, 성공한 사람들은 목표 지향적이다. 평범한 사람은 열심히 하면 성공할 수 있다고 생각한다. 하지만 실제로 성공한 사람들은 자기가 무엇을 하고 싶은지가 가슴 속에 분명히 있다. 이것을 구체화한 것이 바로 목표다. 그들은 매일 자신이 누구이며, 무엇을 좋아하고, 무엇을 하고 싶어 하는지를 생각하며, 계획을 구체적으로 세우고 실천한다.

셋째, 자발적인 동기부여다. 성공이란 목표를 지향하는 행동이고, 동기부여라 할 수 있다. 성공한 사람들은 남에게서가 아니라 스스로 동기부여를 한다. 분명하고 절실한 동기가 있으면 실천은 어렵지 않다. 그런 점에서 자발적인 동기부여는 성공의 엔진이다.

그는 우리에게 끊임없이 묻는다.

"당신은 어디에 서 있는가?"
"당신은 어디로 가려고 하는가?"

이 두 가지 질문 앞에서 우리는 골똘히 생각해 보아야 한다.

오늘날 마이어 가족은 전 세계에 40개 이상의 회사를 운영하고 있다. 마이어는 세상을 떠났지만 '폴 마이어와 제인 마이어 가족 재단'은 전 세계에 30개가 넘는 사역단체와 자선단체를 지원하고 있다.

마이어는 70세에 공식적으로 은퇴했다고 말했지만, "가능한 한 많은 사람을 위해, 가능한 한 많은 방법으로, 가능한 한 오랫동안, 가능한 한 많은 선행을 하는 것"을 일생의 과제로 삼고 죽는 날까지 나누는 삶을 살았다. 그 결과, 미래를 위한 그의 비전과 활동은 시간이 갈수록 더욱 넓게 확대되었다. 그는 마침내 대부호이면서 사회 각 분야에 긍정적인 영향을 끼친 지도자가 되었다. 또한, 성공을 원하는 사람들에게 그 길을 안내해 주는 이정표가 되었다.

"바리새인과 그들의 서기관들이 그 제자들을 비방하여 이르되 너희가 어찌하여 세리와 죄인과 함께 먹고 마시느냐 예수께서 대답하여 이르시되 건강한 자에게는 의사가 쓸 데 없고 병든 자에게라야 쓸 데 있나니 내가 의인을 부르러 온 것이 아니요 죄인을 불러 회개시키러 왔노라"(눅 5:30~32).

십일조로
복 받은 부자들

지은이 ㅣ 이채윤
발행처 ㅣ 도서출판 평단

발행인 ㅣ 최석두

신고번호 ㅣ 제2015-000132호
신고연월일 ㅣ 1988년 7월 6일

초판 인쇄 ㅣ 2016년 8월 31일
초판 발행 ㅣ 2016년 9월 7일

우편번호 ㅣ 10594
주소 ㅣ 경기도 고양시 덕양구 통일로140(동산동 376) 삼송테크노밸리 A동 351호
전화번호 ㅣ (02)325-8144(代)
팩스번호 ㅣ (02)325-8143
이메일 ㅣ pyongdan@daum.net

ISBN ㅣ 978-89-7343-443-5 (03230)

값 14,000원

© 이채윤, 2016, Printed in Korea

＊ 잘못된 책은 구입하신 곳에서 바꾸어 드립니다.
＊ iN크리스토는 도서출판 평단의 종교 브랜드입니다.
＊ 저작권법에 의하여 이 책의 내용을 저작권자 및 출판사 허락 없이 무단 전재 및 무단 복제,
  인용을 금합니다.

이 도서의 국립중앙도서관 출판시도서목록(CIP)은 서지정보유통지원시스템 홈페이지(http://
www.seoji.nl.go.kr)와 국가자료공동목록시스템(http://www.nl.go.kr/ecip)에서 이용하실 수
있습니다.
(CIP제어번호: CIP2016018305)

Jesus Loves You
도서출판 평단은 수익금의 1%를 어려운 이웃돕기에 사용하고 있습니다.